先生は
教えてくれない！

クレヨンしんちゃんの

アブナイ！ことから自分を守るために知っておきたいこと

キャラクター原作
臼井儀人

まんが
高田ミレイ

双葉社

お父《とう》さん、お母《かあ》さんへ

お子《こ》さんといっしょに楽《たの》しんでください。

本書《ほんしょ》は、小学生《しょうがくせい》や小学校《しょうがっこう》に上《あ》がる前《まえ》の児童《じどう》を対象《たいしょう》に、いま身《み》につけておきたい大切《たいせつ》な事柄《ことがら》を、クレヨンしんちゃんのまんがを通《とお》して学《まな》んでいくものです。学校《がっこう》の先生《せんせい》も教《おし》えてくれない、もちろん教科《きょうか》書《しょ》にも載《の》っていないことを、このまんがを読《よ》むことで自然《しぜん》に習得《しゅうとく》していきます。

今回《こんかい》のテーマは「身近《みぢか》にひそむキケン」。子どもを取《と》り巻《ま》くキケンな状況《じょうきょう》は実《じつ》にたくさんあります。災害《さいがい》、事故《じこ》のほか、犯罪《はんざい》も次々《つぎつぎ》と新《あたら》しい手口《てぐち》が出《で》てきています。

小学生《しょうがくせい》になれば、子《こ》ども同士《どうし》や、ひとりだけの時間《じかん》がより長《なが》くなっていきます。身近《みぢか》にキケンが迫《せま》った「アブナイ!」ときは、親《おや》が一緒《いっしょ》であれば子《こ》どもは親《おや》が守《まも》れますが、子《こ》どもたちだけ、あるいは自分《じぶん》ひとりだけの場合《ばあい》は、子《こ》どもは自分《じぶん》で自分《じぶん》を守《まも》らなければなりません。命《いのち》にかかわる事《こと》も多《おお》いので、普段《ふだん》から何《なに》が「アブナイ！」ことかを子《こ》ども自身《じしん》が知《し》っておく必要《ひつよう》があります。

身近《みぢか》なキケンは思《おも》いもよらないところにひそんでいます。親子《おやこ》でシミュレーションし、様々《さまざま》な状況《じょうきょう》を知《し》ることで、子《こ》どもの中《なか》にも少《すこ》しずつ対応力《たいおうりょく》がついていきます。いざという時《とき》に落《お》ち着《つ》いて行動《こうどう》するためにも、普段《ふだん》からキケンの中身《なかみ》を把握《はあく》しておきましょう。

本書《ほんしょ》で「アブナイ！」の例《れい》を知《し》ることで、子《こ》どもはただ不安《ふあん》がるのではなく、自《みずか》らのキケンに対《たい》する「察知力《さっちりょく》」、「対応力《たいおうりょく》」を養《やしな》っていきます。

このクレヨンしんちゃんのまんがを親子《おやこ》で繰《く》り返《かえ》し読《よ》むことは、身近《みぢか》なキケンから少《すこ》しずつ遠《とお》ざかっていくことにつながります。

紹介《しょうかい》

野原一家《のはらいっか》

野原《のはら》しんのすけ

「クレヨンしんちゃん」の主人公《しゅじんこう》。
マイペースでこわいもの知《し》らずの5歳児《さいじ》。
家族《かぞく》といっしょに埼《さい》玉県春日部市《たまけんかすかべし》に暮《く》らしている。

野原《のはら》ひろし

しんのすけのパパ。
双葉商事《ふたばしょうじ》に勤務《きんむ》するサラリーマン。家族《かぞく》のためにいつも一《いっ》生懸命《しょうけんめい》な野原家《のはらけ》の大黒柱《だいこくばしら》。

野原《のはら》みさえ

しんのすけのママ。
しんのすけとひまわりに振《ふ》り回《まわ》されながらも、持《も》ち前《まえ》のガッツで子育《こそだ》てと家事《かじ》をがんばるお母《かあ》さん。

野原《のはら》ひまわり

しんのすけの妹《いもうと》。
まだおしゃべりはできないけど、赤《あか》ちゃん言葉《ことば》でせいいっぱい自己主張《じこしゅちょう》する。

シロ

野原家《のはらけ》の愛犬《あいけん》。
綿菓子《わたがし》のように丸《まる》くなる「わたあめ」など芸《げい》もいろいろできる、とてもかしこい犬《いぬ》。

しんちゃんのお友《とも》だちと先生《せんせい》

しんちゃんと同《おな》じアクション幼稚園《ようちえん》ひまわり組《ぐみ》に通《かよ》うお友《とも》だちと先生《せんせい》たち。

マサオくん

小心者《しょうしんもの》で、ちょっぴり泣《な》き虫《むし》。まんが家《か》になる夢《ゆめ》を持《も》ち続《つづ》けるという努力家《どりょくか》の一面《いちめん》も。お片《かた》づけが得意《とくい》。

ネネちゃん

うわさ話《ばなし》とおままごと遊《あそ》びが大好《だいす》きな女《おんな》の子《こ》。でも本当《ほんとう》は正義感《せいぎかん》が強《つよ》く、度胸《どきょう》もある親分《おやぶん》タイプ。

風間《かざま》くん

頼《たよ》りになる優等生《ゆうとうせい》タイプだけど、じつは甘《あま》えっ子《こ》でママが大好《だいす》き。隠《かく》しているけど、少女《しょうじょ》アニメのファン。

園長《えんちょう》先生《せんせい》

アクション幼《よう》稚園《ちえん》の園長《えんちょう》。「組長《くみちょう》」と呼《よ》ばれることも。こわい顔《かお》が悩《なや》み。

よしなが先生《せんせい》

やさしくて、ときどききびしい。しんちゃんたち、ひまわり組担任《ぐみたんにん》の先生《せんせい》。

ボーちゃん

口数《くちかず》は少《すく》ないけど、たまに深《ふか》いひと言《こと》をつぶやく存在感《そんざいかん》のあるお友《とも》だち。珍《めずら》しい石《いし》を集《あつ》めるのが趣味《しゅみ》。

もくじ

大《だい》ピンチのときは、こう逃《に》げる！

外遊《そとあそ》びの危険《きけん》

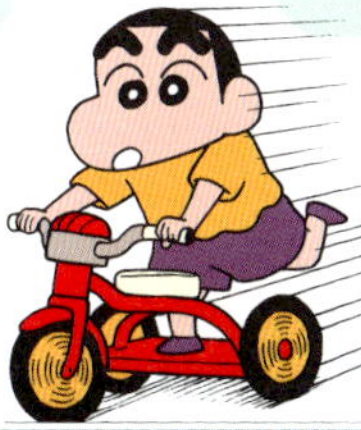

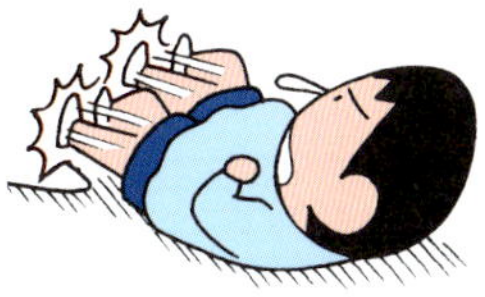

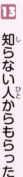

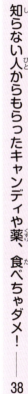

自然《しぜん》のこわさを知《し》ろう

家《いえ》とその周《まわ》りでの危険《きけん》

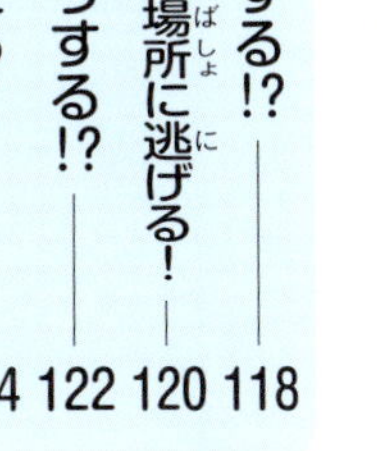

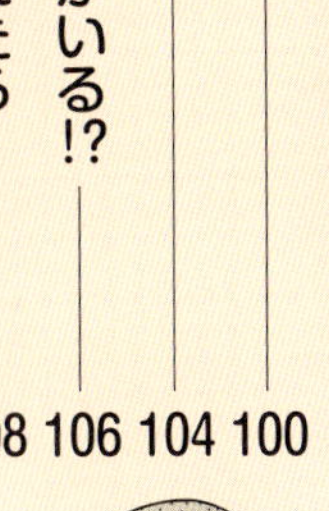

道路《どうろ》を歩《ある》くときには いつも必《かなら》ず自分《じぶん》の目《め》で安全確認《あんぜんかくにん》

道路《どうろ》には危険《きけん》がいっぱいある。たくさんの車《くるま》や人《ひと》が、いろんなスピードで行《い》ったり来《き》たりしている。みんなが交通《こうつう》ルールを守《まも》って通行《つうこう》すれば安《あん》全《ぜん》だけれど、交通《こうつう》ルールを守《まも》らない車《くるま》だっている。事情《じじょう》があって守《まも》れない車《くるま》も走《はし》っている！

だから、通学路《つうがくろ》のガードレールのある歩道《ほどう》だって、絶対安全《ぜったいあんぜん》ということはない。遊《あそ》びながら歩《ある》くのはやめよう。

めったにないことだけど、通学路《つうがくろ》の子《こ》どもたちの列《れつ》に突《つ》っ込《こ》んでくる危険《きけん》な車《くるま》だっている。

上級生《じょうきゅうせい》について並《なら》んで歩《ある》いているときも、自分《じぶん》の目《め》で確《たし》かめよう。

また、ひとりでいるとき、ふらふら元気《げんき》のない様子《ようす》で歩《ある》いていたりすると、悪《わる》い人《ひと》にも目《め》をつけられやすい。

道路《どうろ》では、歩《ある》くことに集中《しゅうちゅう》して、目《もく》的地《てきち》に向《む》かって、元気《げんき》に歩《ある》こう！

通学路《つうがくろ》の危険《きけん》

♪
たたた…
小学生《しょうがくせい》になったら自分《じぶん》で学校《がっこう》に行《い》くんだからね？
これから練習《れんしゅう》行《い》くよ！
おおっ！
チョロ
チョロ
チョロ
もうっ!! チョロチョロしないの!! 人《ひと》にぶつかるわよ!!
フラフラ〜〜
フラフラもダメッ!!
ヨロヨロもトボトボもフニフニもダメ!!
じゃあねぇ…
え？
フニフニって？
フニ……
フニ……？

つづく→

ハッ
とにかく!!
テキパキ歩《ある》きなさい!!
テキ
パキ
テキ
…変《へん》だけど
まぁいいか…
チッカ
チッカ
チッカ
母《かあ》ちゃん早《はや》く!!
赤《あか》になるゾ
信号《しんごう》が点滅《てんめつ》してたら もう渡《わた》っちゃダメよ!!
ほ〜い
ウロ
ウロ
はやく〜
はやく〜
もう!! 少《すこ》しは落《お》ち着《つ》きなさい!!
やれやれ……
正座《せいざ》か…
…まぁ
いいか……
よいしょ
パッ
おっし!
青《あお》だ!!
ぐいっ
待《ま》って!!
たまに赤信号《あかしんごう》を無視《むし》して来《く》る車《くるま》がいるから注意《ちゅうい》して!
おお〜

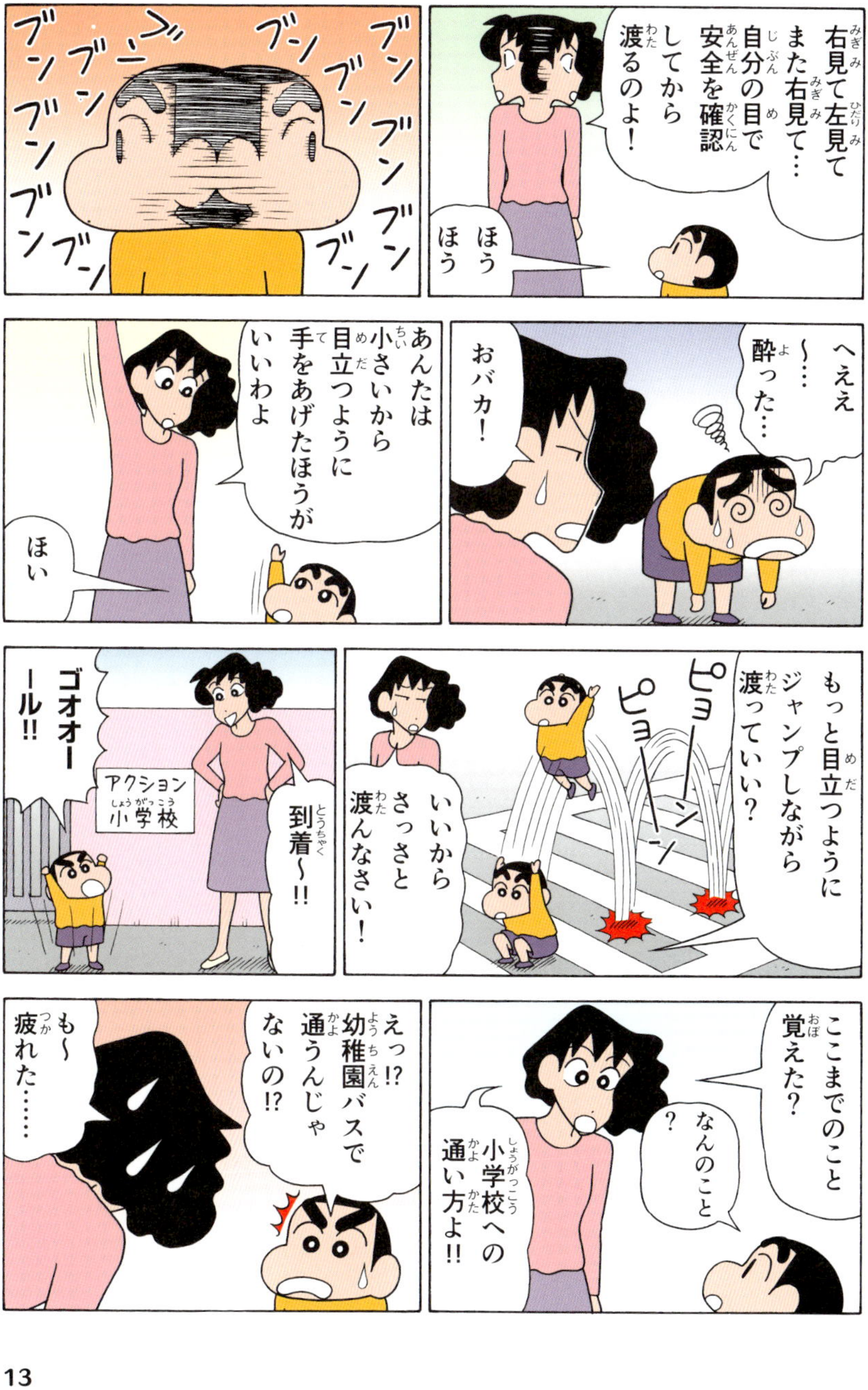
右見《みぎみ》て左見《ひだりみ》てまた右見《みぎみ》て…自分《じぶん》の目《め》で安全《あんぜん》を確認《かくにん》してから渡《わた》るのよ！
ほうほう
ブンブン
ブンブン
ブンブン
ブンブン
ブンブン
ブンブン
へええ〜…酔《よ》った…
おバカ！
あんたは小《ちい》さいから目立《めだ》つように手《て》をあげたほうがいいわよ
ほい
もっと目立《めだ》つようにジャンプしながら渡《わた》っていい？
ピョーン
ピョーン
いいからさっさと渡《わた》んなさい！
ゴオオーール!!
アクション小学校《しょうがっこう》
到着《とうちゃく》〜!!
ここまでのこと覚《おぼ》えた？
なんのこと？
小学校《しょうがっこう》への通《かよ》い方《かた》よ!!
えっ!?幼稚園《ようちえん》バスで通《かよ》うんじゃないの!?
も〜疲《つか》れた……

交差点《こうさてん》では、信号《しんごう》が青《あお》でも止《と》まる、見《み》る、待《ま》つ、を忘《わす》れない

信号《しんごう》が青《あお》だ、さぁ渡《わた》ろう！　の前《まえ》にちょっと待《ま》って。

交差点《こうさてん》は交通事故《こうつうじこ》が一番多《いちばんおお》い場所《ばしょ》。必《かなら》ず自分《じぶん》の目《め》で見《み》て、車《くるま》が来《こ》ないことを確認《かくにん》しよう。横断中《おうだんちゅう》も、左右《さゆう》を確認《かくにん》しながら渡《わた》ろう。

交通《こうつう》ルールを守《まも》らない車《くるま》もいるし、横断歩道《おうだんほどう》で歩行者《ほこうしゃ》を待《ま》っている車《くるま》の陰《かげ》からバイクが出《で》てくることもある！

左折《させつ》してくる大型車《おおがたしゃ》の巻《ま》き込《こ》み事故《じこ》に注意《ちゅうい》！　身長《しんちょう》が小《ちい》さいと、大型《おおがた》トラックの運転手《うんてんしゅ》からは見《み》えにくいんだ。スピードが出《で》ていなくても、大型車《おおがたしゃ》には絶対《ぜったい》に近《ちか》づかない。

通行《つうこう》している人同士《ひとどうし》、コミュニケーションをとることも大事《だいじ》だよ。道《みち》を渡《わた》るときには手《て》を上《あ》げよう。ドライバーに「お先《さき》にどうぞ」と合図《あいず》されたら、あいさつをして、必《かなら》ず、ほかの車《くるま》やバイクが来《こ》ないか確認《かくにん》して、渡《わた》ろう。

いつ渡《わた》れるの？

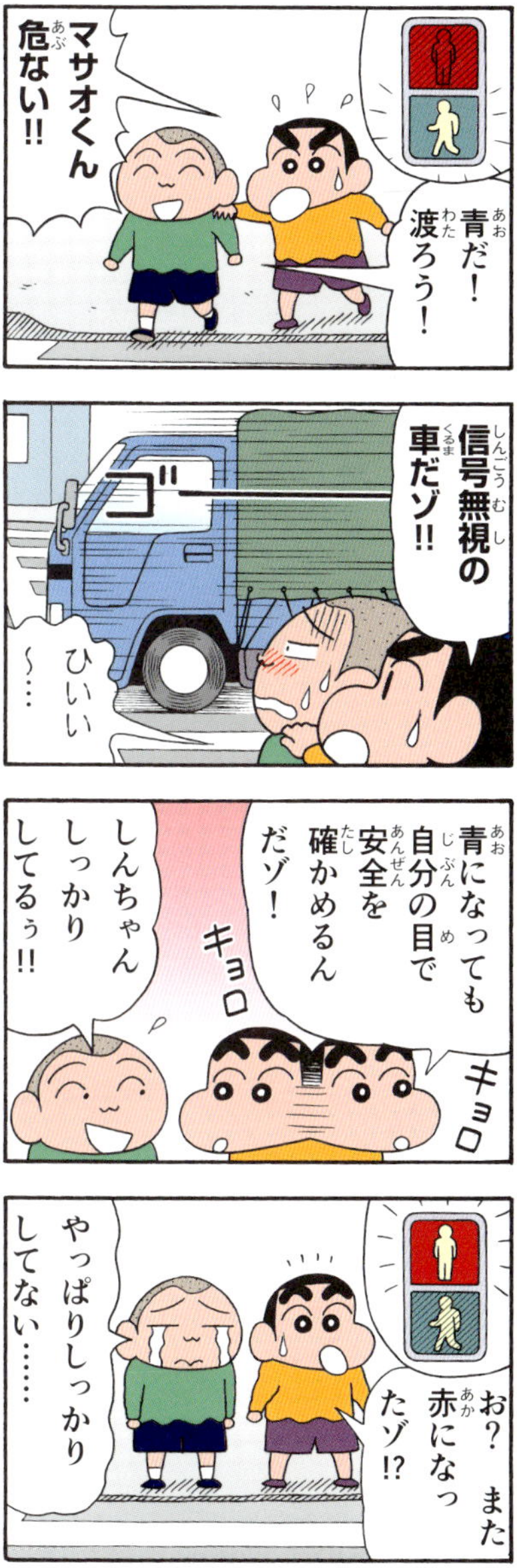
青《あお》だ！
渡《わた》ろう！
マサオくん
危《あぶ》ない!!
信号無視《しんごうむし》の車《くるま》だゾ!!
ゴー
ひいいい～…
青《あお》になっても
自分《じぶん》の目《め》で
安全《あんぜん》を
確《たし》かめるん
だゾ！
キョロ
キョロ
しんちゃん
しっかり
してるぅ!!
お？ また
赤《あか》になっ
たゾ!?
やっぱりしっかり
してない……

名案《めいあん》

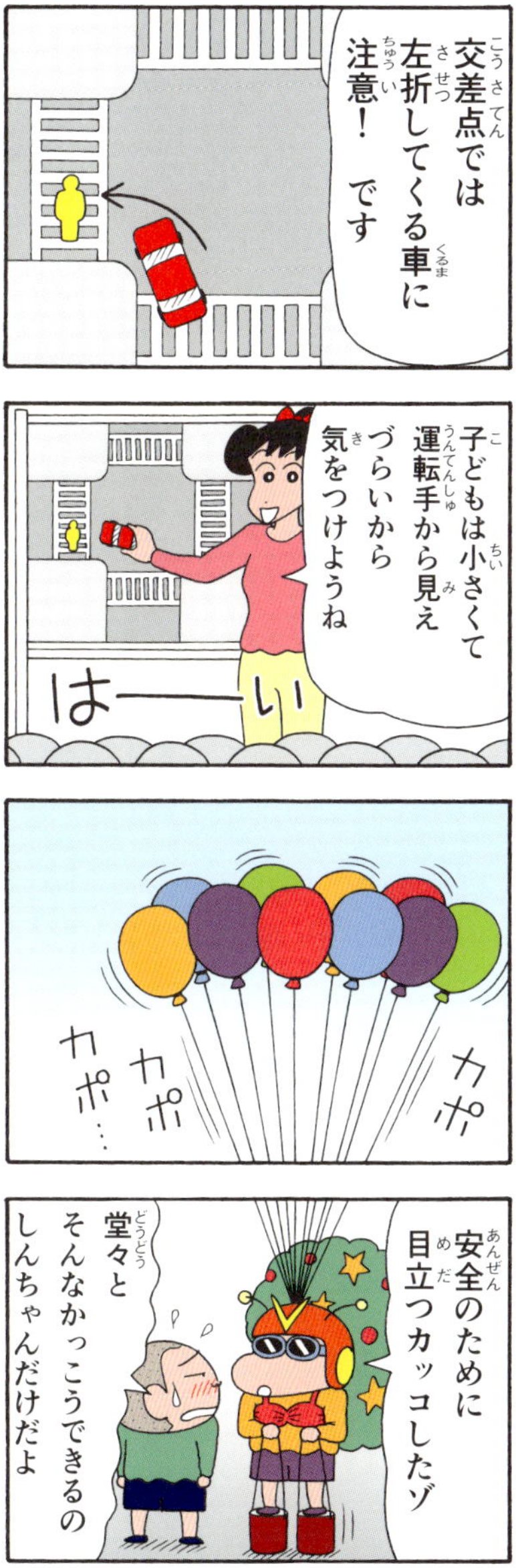
交差点《こうさてん》では
左折《させつ》してくる車《くるま》に
注意《ちゅうい》！ です
子《こ》どもは小《ちい》さくて
運転手《うんてんしゅ》から見《み》え
づらいから
気《き》をつけようね
はーーい
カポ
カポ
カポ…
安全《あんぜん》のために
目立《めだ》つカッコしたゾ
堂々《どうどう》と
そんなかっこうできるの
しんちゃんだけだよ

前《まえ》が見《み》えない、すべりやすい！人《ひと》も車《くるま》も、雨《あめ》の日《ひ》に注意《ちゅうい》

雨《あめ》の日《ひ》の道路《どうろ》は、かさや雨粒《あまつぶ》で前《まえ》が見《み》えにくい。それに、雨《あめ》にぬれた道路《どうろ》やマンホールのふたはとてもすべりやすい。雨《あめ》の日《ひ》はいつもとは違《ちが》う危険《きけん》がいっぱい。

そして、見《み》えにくくて、すべりやすいのは、車《くるま》も同《おな》じ。雨《あめ》で前方《ぜんぽう》が見《み》えにくいし、道路《どうろ》がすべるから、ブレーキもかかりにくい。運転《うんてん》する人《ひと》にとっても、雨《あめ》はとてもこわいものなんだ。

雨《あめ》の日《ひ》は道路《どうろ》で目立《めだ》つように、明《あか》るい色《いろ》の服《ふく》を着《き》るようにしよう。

かさの取《と》り扱《あつか》いにも注意《ちゅうい》。開《ひら》いたり閉《と》じたりするときは、周《まわ》りに人《ひと》がいないか気《き》をつけてからにしよう。

まっすぐに持《も》って、後《うし》ろの人《ひと》の視線《しせん》をさえぎらないようにする。風《かぜ》が強《つよ》い日《ひ》は、かさを使《つか》わずカッパを着《き》るようにしよう。

雨《あめ》の日《ひ》の行動《こうどう》は、慎重《しんちょう》に!!

後悔《こうかい》

暴風雨《ぼうふうう》に なってきたよ カッパ着《き》てく？
ううん かさでいいよ
びゅごごご
気《き》をつけて 帰《かえ》ってね
ほい
びょおお
わ〜お!!
ラクチン ラクチン♪
ああ〜!! オラんち ここだってばぁ〜!!
カッパを借《か》りれば よかったしんのすけ
野原《のはら》
ふわ〜〜〜

そっちでよかった

おおー♪ すべるすべる
やめろよ！
つるーー
つるっ
危《あぶ》ない!!
母《かあ》ちゃん 骨《ほね》 折《お》れちゃった〜！
ええ〜っ!?
新《あたら》しいの 買《か》って
も〜っ!! びっくりした〜!!

4

「見《み》えにくい」道《みち》はひとりでは通《とお》らない

木《き》がうっそうと茂《しげ》っていて、昼間《ひるま》でも暗《くら》い道《みち》。路上駐車《ろじょうちゅうしゃ》の多《おお》い道《みち》。なんとなくこわい道《みち》はほんとうに犯罪《はんざい》や事故《じこ》が多《おお》い。そうした道《みち》は、人《ひと》の目《め》につきにくい、という共通点《きょうつうてん》があるんだ。

遠目《とおめ》から見《み》えにくい場所《ばしょ》は、隠《かく》れる陰《かげ》もいっぱいあって、悪《わる》いことをしようとする人《ひと》がひそむことができてしまう。両側《りょうがわ》に長《なが》い塀《へい》が続《つづ》いている道《みち》は、逃《に》げ場《ば》がない。

壁《かべ》に落書《らくが》きがあったり、粗大《そだい》ゴミが落《お》ちたりしているような場所《ばしょ》は、地域《ちいき》の人《ひと》が目《め》を向《む》けていないことを証明《しょうめい》しているような場所《ばしょ》。こうした場所《ばしょ》は、犯罪《はんざい》も起《お》こりやすい。

どうしても通《とお》らなければならない場《ば》合《あい》もある。そんなときはひとりではなく、ふたり以上《いじょう》で通《とお》るようにしよう。近所《きんじょ》に仲間《なかま》をつくって、みんなで通《とお》ろう。

こわい道《みち》

この道《みち》うす暗《ぐら》くてちょっとこわいよね…
マサオくん男《おとこ》でしょ!?先行《さきい》ってよ
え~!?男《おとこ》とか関係《かんけい》ないでしょ!?
ガサ
ガサ
出《で》たー!!
このオニギリあげるから許《ゆる》して!!
おお!マサオくん!!ネネちゃん
くさむらでウンコしてた
なーんだしんちゃんかよかった♪
よくないよネネちゃん
……
つづく
つづき
しんちゃんもいるなら心強《こころづよ》いわ!!
この道《みち》がこわいの?
オラたちでこわい声《こえ》を出《だ》して悪《わる》いやつを追《お》っ払《ぱら》うのは?
いいねそれ!!
ウボボボボボボボ……!!
ウケケケケケケケ……!!
ヒイイイイイイイ……!!
ボゲエエエオロロロロロ
逆方《ぎゃくほう》向《こう》から来《き》た子《こ》
やっぱりこの道《みち》通《とお》るのやめよ…

工事現場《こうじげんば》には危険《きけん》がいっぱい すばやく通《とお》りぬけよう

いつもの通学路《つうがくろ》に工事現場《こうじげんば》ができることがある。別《べつ》の通路《つうろ》が案内《あんない》されていたら、その道《みち》を通《とお》るようにしよう。

中《なか》をのぞいてみたい、おもしろそう、と思《おも》うかもしれない。けれど、ひとたび何《なに》かが起《お》こったら、命《いのち》にかかわる事《じ》故《こ》になるのが工事現場《こうじげんば》。強風《きょうふう》で足場《あしば》が倒《たお》れたりする事故《じこ》も起《お》きている。できるだけ早《はや》く通《とお》りぬけよう。

空《あ》き地《ち》や資材置《しざいお》き場《ば》に、ブルドーザーなどの大型車《おおがたしゃ》が止《と》まっているのを見《み》つけることがある。たとえ立《た》ち入《い》り禁《きん》止《し》になっていなくても、近《ちか》づいちゃいけないよ。

そうした場所《ばしょ》は、訓練《くんれん》をしたプロの人《ひと》たちでなければ入《はい》れない場所《ばしょ》。資材《しざい》が崩《くず》れてきたり、機械類《きかいるい》が突然動《とつぜんうご》き出《だ》したりするなど、予想外《よそうがい》のことが起《お》きることがある。子《こ》どもは絶対《ぜったい》に入《はい》ってはいけない場所《ばしょ》なんだ。

夢《ゆめ》のお告《つ》げ

ドルルルル…
おおっ！動《うご》いた!!
やったー♪
ドドドドド
わ〜っ!! ブレーキブレーキ!!
ドガーン
ハッ!!
夢《ゆめ》か……
ラッキー♪ 人《ひと》がいないゾ！ 乗《の》ろう！
絶対《ぜったい》ダメ!! 死《し》ぬよ!!

見《み》るなら遠《とお》くから

工事中《こうじちゅう》
危《あぶ》ないから早《はや》く行《い》くわよ!!
ほーほー
サトーココノカドー
クリアランス
北海道《ほっかいどう》フェア
屋上《おくじょう》のほうが工事現場《こうじげんば》より楽《たの》しいわよ！
しぶしぶ…
…まぁいいか… 上《うえ》からなら…
さっきの工事現場《こうじげんば》
おお〜！

自分《じぶん》の名前《なまえ》は大事《だいじ》な「個人情報《こじんじょうほう》」知《し》らない人《ひと》には教《おし》えない

学校《がっこう》では名《な》ふだをつけて、自分《じぶん》の名《な》前《まえ》をみんなに知《し》らせるよね。

でも、学校《がっこう》の外《そと》に出《で》たら、名《な》ふだははずそう。**知《し》らない人《ひと》に自分《じぶん》の名前《なまえ》や住所《じゅうしょ》は教《おし》えちゃいけない。**

知《し》らない人《ひと》に「名前教《なまえおし》えて」と言《い》われたら、「教《おし》えてはいけませんと言《い》われました」と答《こた》えよう。お友《とも》だちの名《な》前《まえ》も教《おし》えない。

知《し》らない人《ひと》なのに「○○くんだよね」と名前《なまえ》を呼《よ》ぶ人《ひと》や、「どこの小学《しょうがっ》校《こう》？」としつこく聞《き》いてくる人《ひと》はあやしい！　そんな人《ひと》に会《あ》ったら、防犯《ぼうはん》ベルを鳴《な》らして逃《に》げて、家《いえ》の人《ひと》や学校《がっこう》の先生《せんせい》に知《し》らせよう。

名前《なまえ》は大事《だいじ》な「個人情報《こじんじょうほう》」。悪《わる》い人《ひと》に利用《りよう》される危険《きけん》があるんだ。

手《て》さげの表側《おもてがわ》には名前《なまえ》を大《おお》きく書《か》かないこと。家《いえ》の前《まえ》に、名前《なまえ》を書《か》いた自《じ》分《ぶん》の持《も》ち物《もの》を放置《ほうち》するのもやめよう。

見《み》かけによらない

お姉《ねえ》さんお名前《なまえ》は？
オラ野原《のはら》しんのすけ～
！
？
知《し》らない人《ひと》に名前《なまえ》
教《おし》えちゃダメ!!　悪《わる》い人《ひと》
だったらどうするの!?
ぐい～
オラ
お姉《ねえ》さんになら
何《なに》されてもいい
おバカ
美人《びじん》だからって
すぐ信用《しんよう》しないの!!
ヒソヒソ…
ほい
やべ…
行《い》こう
じつはサギ師《し》

知《し》らない顔《かお》

よう！
しんのすけくん
なんで
オラの
名前《なまえ》を!?
おまわり
さーん!!
ピヨヨヨヨヨヨ…
防犯《ぼうはん》ブザー
署《しょ》まで来《き》て
もらえますか
ええっ!?　違《ちが》っ
…ワシは…
九州《きゅうしゅう》のおじいちゃん
じゃないの!!　もう!!
こんなお顔《かお》
だったっけ？
1年半《ねんはん》ぶりだけん
しかたなか…

「うちでケーキ食《た》べていきなさい」と近所《きんじょ》の人《ひと》に言《い》われたら?

学校帰《がっこうがえ》りに、よく知《し》っている近所《きんじょ》のおじさんに会《あ》った。

「ケーキがあるよ、うちで食《た》べていったら?」と言《い》われたらどうする?

そんなときは、「寄《よ》り道《みち》しないことにしています」とはっきり言《い》おう。

「ああ、そうだね、お母《かあ》さんに聞《き》いてからおいで」と言《い》ってくれるよ。おじさんが気《き》を悪《わる》くする、なんて考《かんが》えなくてだいじょうぶ。おじさんが強引《ごういん》だったら、なおさらはっきり断《ことわ》らなければならないよ。


学校《がっこう》から出《で》たら、寄《よ》り道《みち》せずに家《いえ》に帰《かえ》ること。これは先生《せんせい》と家族《かぞく》ときみとの大事《だいじ》な約束《やくそく》。きみが勝手《かって》に変《か》えてはいけないんだ。

家《いえ》に誰《だれ》もいないときでも、必《かなら》ず、一《いち》度《ど》家《いえ》に帰《かえ》ろう。家《いえ》でおうちの人《ひと》に連絡《れんらく》して、許可《きょか》をもらってからにしよう。

ドーナツ

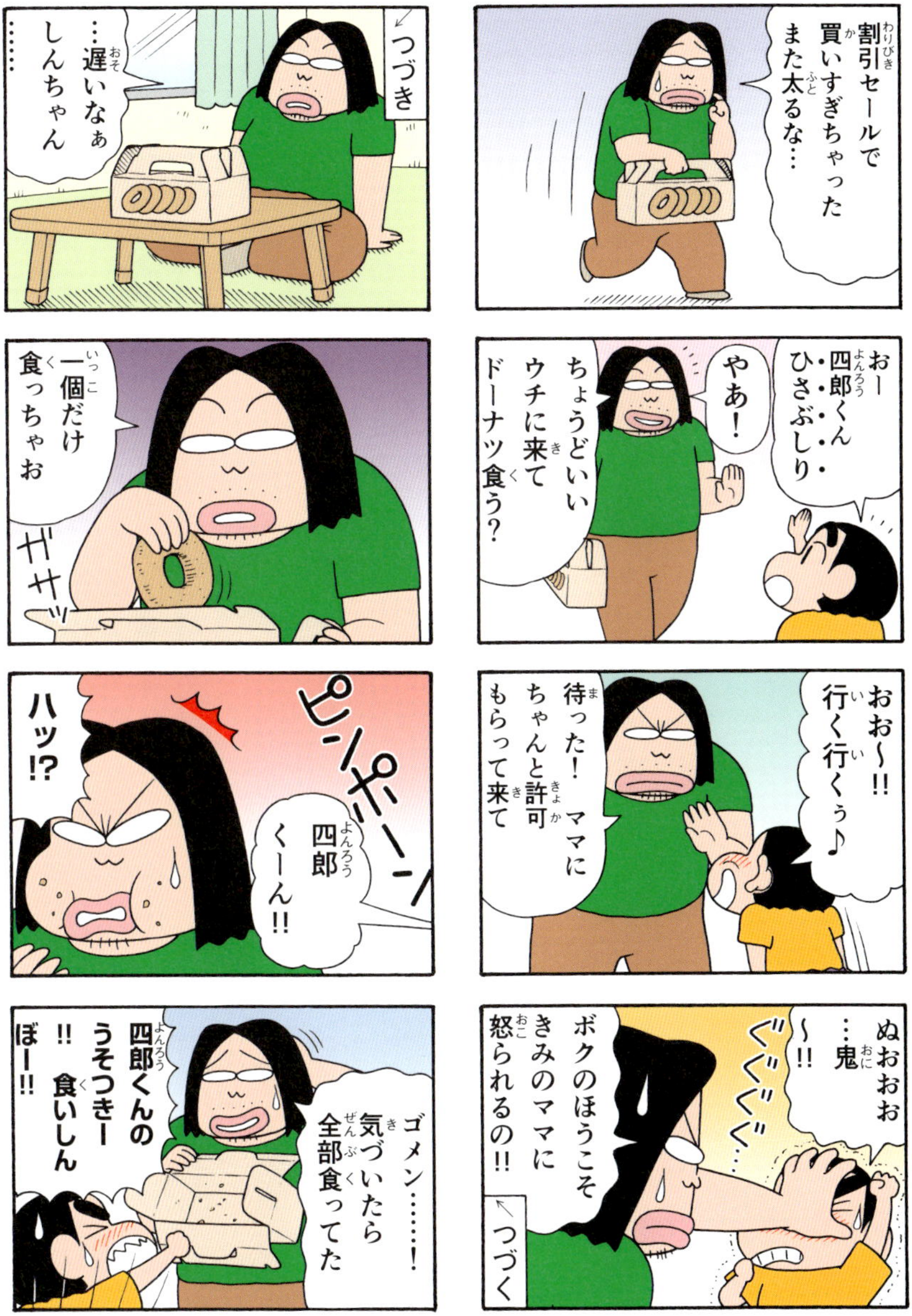
割引《わりびき》セールで買《か》いすぎちゃったまた太《ふと》るな…
おー四郎《よんろう》くん・・・・・ひさぶしり
やあ!
ちょうどいいウチに来《き》てドーナツ食《く》う?
おお~!!行《い》く行《い》くぅ♪
待《ま》った! ママにちゃんと許可《きょか》もらって来《き》て
ぬおおお…鬼《おに》~!!
ググググ…
ボクのほうこそきみのママに怒《おこ》られるの!!
←つづく
↓つづき
…遅《おそ》いなぁしんちゃん……
一個《いっこ》だけ食《く》っちゃお
ガサッ
ピンポーン
四郎《よんろう》くーん!!
ハッ!?
ゴメン……!気《き》づいたら全部《ぜんぶ》食《く》ってた
四郎《よんろう》くんのうそつきー!! 食《く》いしんぼー!!

8 エレベーターで知《し》らない人《ひと》とふたりきりでこわい。どうする!?

学校帰《がっこうがえ》りのマンションのエレベーターは、知《し》らない人《ひと》と乗《の》ることもある。

ひとりで乗《の》るときは、**ドアの横《よこ》にあるボタンのそば**に、エレベーターの室《しつ》内《ない》を見《み》わたせるように立《た》ち、すぐに非《ひ》常《じょう》ボタンを押《お》せるようにしよう。

知《し》らない人《ひと》が乗《の》って来《き》て、こわいと感《かん》じたときは、**すぐ降《お》りて、次《つぎ》のエレベーターを待《ま》つ**といい。

エレベーターを降《お》りられず、こわいときには、自分《じぶん》の防犯《ぼうはん》ブザーに手《て》をかけたり、監視《かんし》カメラのほうを見《み》て、相《あい》手《て》にカメラのことを気《き》づかせるようにしよう。

エレベーターはこわいからといって、マンションの階段《かいだん》を使《つか》うのはよそう。人目《ひとめ》がなくてエレベーターより危険《きけん》なんだ。

マンション内《ない》の同《おな》じ学校《がっこう》の人《ひと》とは、お友《とも》だちになっておくといいよ!

背後《はいご》にも注意《ちゅうい》

よかった…今日《きょう》はボクひとりだ
でも用心《ようじん》して扉《とびら》のところにいよう…
えっ!?
ムギュ
アハ～♡見《み》つかっちゃった
こわいな!! つけて来《く》るなよ!!
さっきバイバイしたろ!!

用心《ようじん》

知《し》らない人《ひと》が乗《の》ってきた…こわいな…
来《く》るなら来《こ》い!! こっちはいつでもボタン押《お》せるぞ…
防犯《ぼうはん》ブザー
!
ニコッ
いい人《ひと》だったのか……失礼《しつれい》しちゃったな
あれじゃ何《なに》もできやしねえ……
チッ
ウィ～ン

知《し》らない人《ひと》とは両手《りょうて》を広《ひろ》げたぶんの距離《きょり》を保《たも》とう

知《し》らない大人《おとな》の人《ひと》には近《ちか》づきすぎないこと。**必《かなら》ず自分《じぶん》の両手《りょうて》を広《ひろ》げたくらいの距離《きょり》をとろう。**

悪《わる》い人《ひと》だ！　とわかっても、距離《きょり》がはなれていれば、逃《に》げ出《だ》せる。

「何持《なにも》ってるの？　見《み》せて」などと言《い》いながら、体《からだ》を近《ちか》づけてくる人《ひと》からは、スッとはなれよう。

あやしい人《ひと》は、こちらが少《すこ》しでもはなれると、よけいに近《ちか》づいてくる。さっと表情《ひょうじょう》を変《か》える人《ひと》もいる。

しつこく声《こえ》をかけて近《ちか》づいてくる人《ひと》がいたら、走《はし》ってすばやくはなれ、迷《まよ》わず防犯《ぼうはん》ブザーを鳴《な》らして、コンビニや、『子《こ》ども110番《ばん》の家《いえ》』などにかけ込《こ》もう。

そして必《かなら》ず、どんな人《ひと》に声《こえ》をかけられたのかを家《いえ》の人《ひと》に報告《ほうこく》しよう。みんなで**情報《じょうほう》を共有《きょうゆう》することで、犯罪《はんざい》を防《ふせ》ぐ**こともできるんだ。

自爆《じばく》

知《し》らない大人《おとな》の人《ひと》にはあまり近《ちか》づかないのよ!
両手《りょうて》を広《ひろ》げたぶんくらいははなれなさい
なんで?
まて～
いざってときそれくらいはなれてれば逃《に》げられるからよ
ほうほう
知《し》らない人《ひと》を近《ちか》づけない方法《ほうほう》か…
確《たし》かにいいアイデアだけど…
ボクも近《ちか》づけないよ～!
ツ～～ン
オラももうダメかも…
ひろしのくつ下《した》→

はなれてるゾ

ねぇお姉《ねえ》さんなっとうはツブツブ派《は》?ひきわり派《は》?
え?
コラコラ!!
知《し》らない人《ひと》には近《ちか》づかない!って言《い》ってるでしょ!!
うへ～い
……
トントン
お姉《ねえ》さんネコ派《は》?犬派《いぬは》～?
……
近《ちか》づかないナンパの方法《ほうほう》をあみ出《だ》した

10 「いっしょに子《こ》ネコを探《さが》して」こんな声《こえ》がけは信用《しんよう》しない！

学校帰《がっこうがえ》りや、外《そと》で遊《あそ》んでいるときに声《こえ》をかけてくる人《ひと》の中《なか》には、悪《わる》い考《かんが》えを持《も》って子《こ》どもに声《こえ》をかけてくる人《ひと》もいるということ、知《し》っておこう。

「子《こ》ネコが逃《に》げちゃったんだ。いっしょに探《さが》してくれないかな」と、子《こ》どもが好《す》きな動物《どうぶつ》やゲームを使《つか》って誘《さそ》ってくる人《ひと》は要注意《ようちゅうい》。

「おうちの人《ひと》が病気《びょうき》になったから迎《むか》えに来《き》たよ」と親切《しんせつ》ぶる人《ひと》。

「警察《けいさつ》だ。急《いそ》いでこっちに来《き》なさい」とおどしたり、急《いそ》がせる人《ひと》。

見《み》知《し》らぬ人《ひと》が突然《とつぜん》「いっしょに来《き》て」と、きみをその場《ば》から移動《いどう》させようとしたら、それはあやしい人《ひと》なんだ。

迷《まよ》ってもじもじしていたらいけない。きっぱり、「けっこうです！」と言《い》って、急《いそ》いで帰《かえ》る姿《すがた》を見《み》せよう。

まったく可能性《かのうせい》がないと思《おも》うと、悪《わる》い人《ひと》もあきらめることが多《おお》いんだ。

あやしい声《こえ》がけ

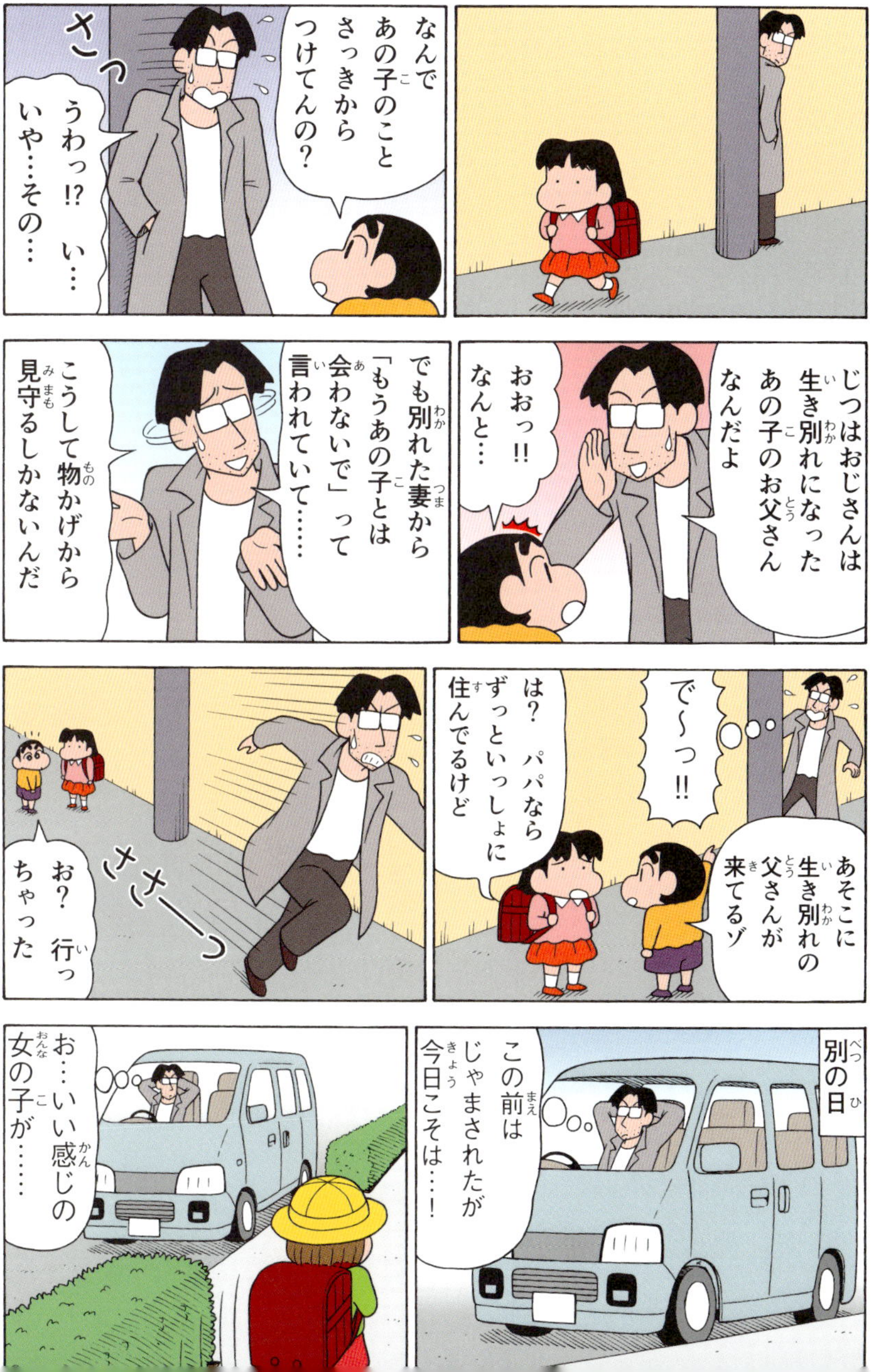

なんで あの子《こ》のこと さっきから つけてんの?
さっ
うわっ!? い…
いや…その…
じつはおじさんは 生《い》き別《わか》れになった あの子《こ》のお父《とう》さん なんだよ
おおっ!! なんと…
でも別《わか》れた妻《つま》から 「もうあの子《こ》とは 会《あ》わないで」って 言《い》われていて……
こうして物《もの》かげから 見守《みまも》るしかないんだ
あそこに 生《い》き別《わか》れの 父《とう》さんが 来《き》てるゾ
は? パパなら ずっといっしょに 住《す》んでるけど
で~っ!!
さ~っ
お? 行《い》っ ちゃった
別《べつ》の日《ひ》
この前《まえ》は じゃまされたが 今日《きょう》こそは…!
お…いい感《かん》じの 女《おんな》の子《こ》が……

←つづく

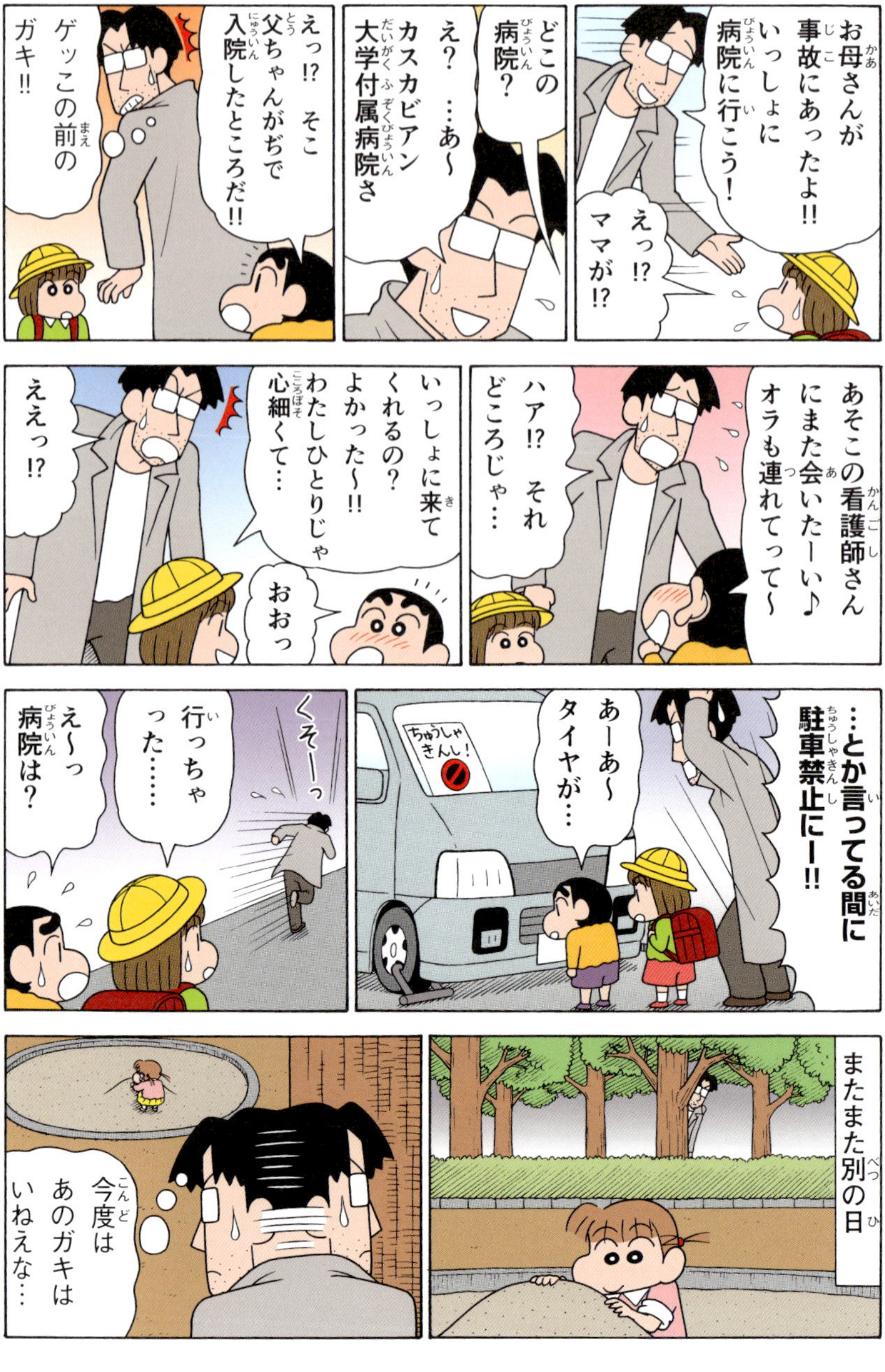
お母《かあ》さんが事故《じこ》にあったよ!! いっしょに病院《びょういん》に行《い》こう!
えっ!? ママが!?
どこの病院《びょういん》?
え? …あ～ カスカビアン大学付属病院《だいがくふぞくびょういん》さ
えっ!? そこ父《とう》ちゃんがぢで入院《にゅういん》したところだ!!
ゲッコの前《まえ》のガキ!!
あそこの看護師《かんごし》さんにまた会《あ》いたーい♪ オラも連《つ》れてって～
ハア!? それどころじゃ…
いっしょに来《き》てくれるの? よかった～!! わたしひとりじゃ心細《こころぼそ》くて…
おおっ
ええっ!?
…とか言《い》ってる間《あいだ》に駐車禁止《ちゅうしゃきんし》にー!!
ちゅうしゃきんし!
あーあ～ タイヤが…
くそーっ
行《い》っちゃった……
え～っ 病院《びょういん》は?
またまた別《べつ》の日《ひ》
今度《こんど》はあのガキはいねえな…

ねぇお嬢《じょう》ちゃん おじさんちのネコが逃《に》げちゃって…いっしょに探《さが》してくれない？
えっ!?
どうする？ しんちゃん
また あいつ!?
おおっ!! カスカベ防衛隊《ぼうえいたい》の出番《でばん》だな!?
お？
前《まえ》にどっかで会《あ》ったっけ？
パタ パタ
ひ…人違《ひとちが》いだろ…ハハハ…
こういう ネコなんだ
←ネットでひろった てきとうな写真《しゃしん》
ほうほう なるほど
ネコ探《さが》しにゴーッ!!
おーっ
しゃあねぇ…ちょっと調子《ちょうし》を合《あ》わせとこう
あの人《ひと》がこのネコ探《さが》してるって！
いきなり警察《けいさつ》に行《い》くのかよ!!
ちょっと中《なか》に入《はい》ってもらえます？
がしっ
!!
あなたに似《に》た感《かん》じの不審者《ふしんしゃ》がいるって通報《つうほう》がありまして…
ネコ見《み》つかるといいね！
きっともう だいじょうぶだゾ

11

車《くるま》に乗《の》っている人《ひと》には近《ちか》づかない！

車《くるま》に乗《の》って歩《ある》いている子《こ》どもに近《ちか》づき、道《みち》を聞《き》く人《ひと》には気《き》をつけよう。カーナビだってスマホだってある。子《こ》どもに道《みち》を聞《き》くなんて変《へん》なんだ。

連《つ》れ去《さ》り事件《じけん》のほとんどが車《くるま》を使《つか》っての犯行《はんこう》。

車《くるま》から出《で》て来《く》る人《ひと》からは、必《かなら》ず、両《りょう》手《て》を広《ひろ》げた以上《いじょう》の距離《きょり》を保《たも》つこと。

車《くるま》に乗《の》って近《ちか》づいてくる人《ひと》からは、急《いそ》いで逃《に》げたほうがいい。

逃《に》げるときには、車《くるま》の進行方向《しんこうほうこう》と逆《ぎゃく》の方向《ほうこう》にダッシュで逃《に》げよう。できるだけ人《ひと》のいるほうに逃《に》げよう。

一度《いちど》車《くるま》の中《なか》に入《はい》ったら出《で》られない。車《くるま》に連《つ》れ込《こ》まれそうになったら、大声《おおごえ》で叫《さけ》び、めちゃくちゃにキックするなどして逃《に》げよう。絶対《ぜったい》に知《し》らない人《ひと》の車《くるま》には乗《の》せられないこと！

路上駐車《ろじょうちゅうしゃ》している車《くるま》にもできるだけ近《ちか》づかないよう用心《ようじん》しよう。

知《し》らない人《ひと》の車《くるま》

ゾ
車《くるま》で小学生《しょうがくせい》つれさり
男《おとこ》を逮捕《たいほ》
しんのすけ！ 車《くるま》に乗《の》った知《し》らない人《ひと》に話《はな》しかけられたら無視《むし》するのよ!!
あやしい人《ひと》よ！
ほーい
「車《くるま》に乗《の》って」って頼《たの》まれても絶対《ぜったい》に乗《の》っちゃダメ!!
わかった
自分《じぶん》があやしい人《ひと》にならないの!!
へい彼女《かのじょ》！ 車《くるま》に乗《の》ってかない？

テスト

ねえボク！ 春日部駅《かすかべえき》ってどっち？
お？ あっちだゾ！
「あっち」じゃわかんないから車《くるま》に乗《の》って案内《あんない》してよ
うっ
……
ダ―――ッ
知《し》らない人《ひと》の車《くるま》には乗《の》らないゾ――ッ!!
合格《ごうかく》だぞみさえ！
よし!! ちゃんと逆方向《ぎゃくほうこう》に走《はし》れたね！
お？

12 知《し》らない人《ひと》に写真《しゃしん》を撮《と》られそうになった！

知《し》らないお兄《にい》さんに、「ぼく、カメラマンなんだ。きみ、かわいいね、写《しゃ》真《しん》撮《と》っていい？」と言《い》われたら？

「いやです」とはっきり断《ことわ》ろう。

知《し》らない人《ひと》に写真《しゃしん》を撮《と》られてはいけない。顔《かお》の写真《しゃしん》は、名前《なまえ》や住所《じゅうしょ》と同《おな》じ、重要《じゅうよう》な個人情報《こじんじょうほう》なんだ。

勝手《かって》に写真《しゃしん》を利用《りよう》されてしまう危険《きけん》がある。インターネットのページに使《つか》われてしまったら、あとで消《け》せないことも多《おお》いんだ。

「テレビに出《で》てみない？」と話《はな》しかけてくる人《ひと》も相手《あいて》にしてはダメ。テレビなど報道《ほうどう》では子《こ》どもの撮影《さつえい》は保護者《ほごしゃ》の許可《きょか》が必要《ひつよう》。子《こ》どもに声《こえ》をかけてくる人《ひと》は変《へん》だよ。

今《いま》は、手荷物《てにもつ》などに仕込《しこ》んだカメラで盗《ぬす》み撮《ど》りする犯罪《はんざい》もある。勝手《かって》に撮《さつ》影《えい》しようとしている人《ひと》がいたら、顔《かお》をそむけて逃《に》げ、家《いえ》の人《ひと》に知《し》らせよう。

撮《と》らせちゃダメ

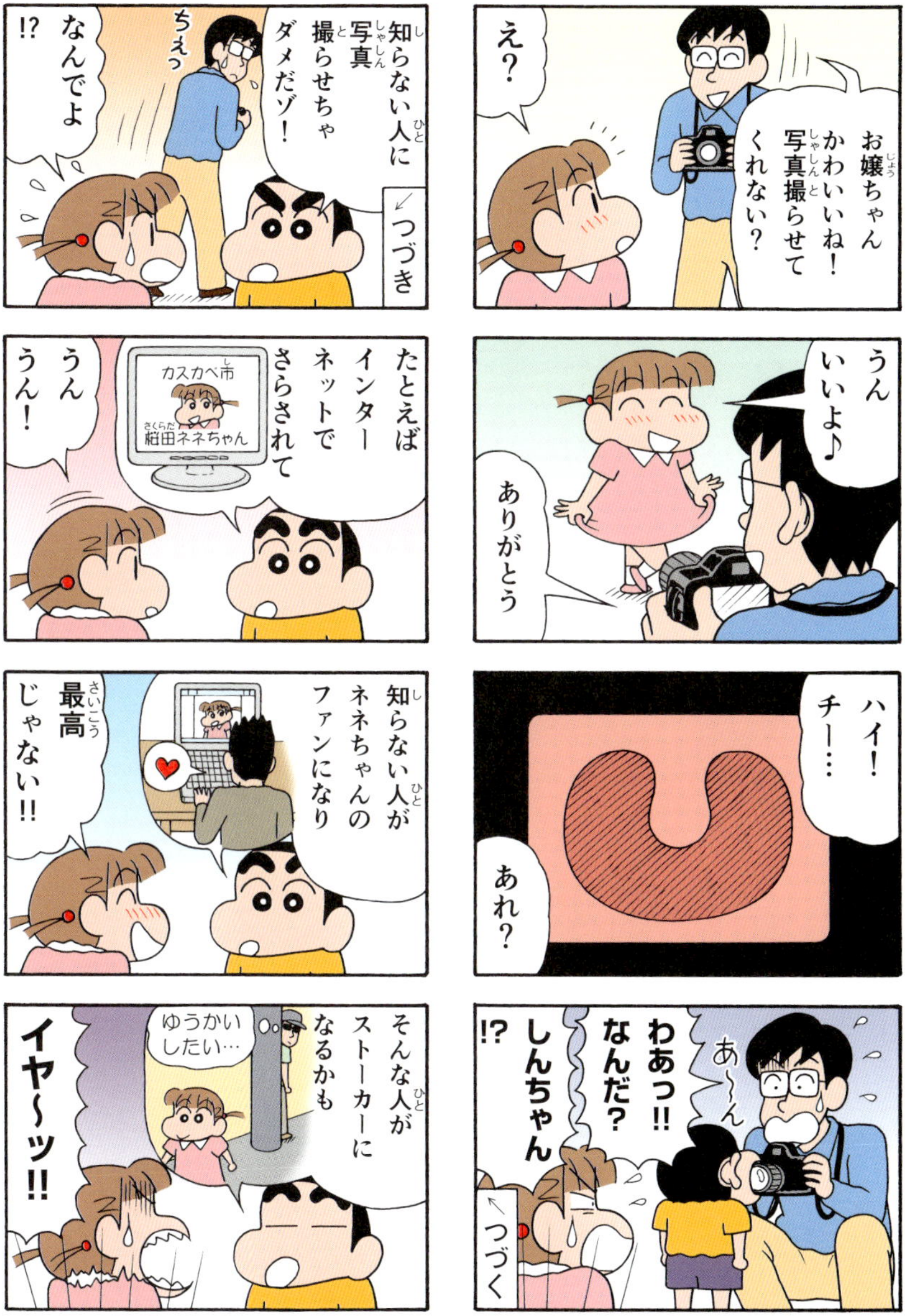

お嬢《じょう》ちゃんかわいいね! 写真《しゃしん》撮《と》らせてくれない?
え?
うん いいよ♪
ありがとう
ハイ! チー…
あれ?
わあっ!! なんだ? しんちゃん
あ～ん
!?
↖つづく
ちぇっ
知《し》らない人《ひと》に写真《しゃしん》撮《と》らせちゃダメだゾ!
なんでよ
!?
↙つづき
たとえばインターネットでさらされて
カスカベ市《し》
桜田《さくらだ》ネネちゃん
うん うん!
知《し》らない人《ひと》がネネちゃんのファンになり
最高《さいこう》じゃない!!
そんな人《ひと》がストーカーになるかも
ゆうかいしたい…
イヤ～ッ!!

13

知《し》らない人《ひと》からもらったキャンディや薬《くすり》、食《た》べちゃダメ！

知《し》らない人《ひと》にいきなり「このチョコおいしいよ。食《た》べてみて」。そう言《い》われても、もらって食《た》べてはいけないよ。「今《いま》はいりません」と断《ことわ》ろう。

知《し》らない人《ひと》がくれる食《た》べ物《もの》には、何《なに》が入《はい》っているかわからない。

「チョコだよ」と言《い》って渡《わた》された物《もの》が、麻薬《まやく》などの、とても危険《きけん》な薬《くすり》だったりすることもある。眠《ねむ》くなる薬《くすり》が入《はい》っていて、誘拐《ゆうかい》されるなど、犯罪《はんざい》に巻《ま》き込《こ》まれる危険《きけん》だってある。

もちろん、親切《しんせつ》な気持《きも》ちでおいしい物《もの》をくれる人《ひと》のほうが多《おお》い。だけど、アレルギーなどの心配《しんぱい》だってある。受《う》け取《と》ってもその場《ば》で食《た》べずに持《も》ち帰《かえ》り、家《いえ》の人《ひと》に聞《き》いてから食《た》べよう。

もちろん災害時《さいがいじ》の助《たす》け合《あ》いなど、緊《きん》急時《きゅうじ》の例外《れいがい》はある。けれど、理由《りゆう》もなく、外《そと》で会《あ》った知《し》らない人《ひと》に食《た》べ物《もの》をもらって食《た》べるのはやめておこう。

知《し》らない人《ひと》からもらわない

ぼうや かわいいねえ アメあげる！
おおっ!! ありがとございます～！
!? しんのすけ 何《なに》食《た》べてるの？
！
また知《し》らない人《ひと》にもらったでしょー!!
ひはふ《ちがう》～!!
返《かえ》すゾ!! おばちゃん
ベトベト
返《かえ》されても困《こま》るわァ…
↖つづく
↙つづき
でもせっかくくれたのに断《ことわ》るの悪《わる》いゾ
気持《きも》ちはわかるけど……
たとえば…知《し》らない人《ひと》がシロに勝手《かって》にお菓子《かし》をあげてたらどう思《おも》う？
べつに？
そのお菓子《かし》に犬《いぬ》にとっては猛毒《もうどく》のキシリトールが入《はい》ってたら？
うおっ!! やばいゾ!!
「知《し》らない人《ひと》からお菓子《かし》もらうな」ってシロに言《い》って来《く》る!!
それを自分《じぶん》に言《い》いなさい!!

14

これってチカン？ 電車《でんしゃ》の中《なか》でさわってくる人《ひと》がいたら！

満員《まんいん》の電車《でんしゃ》など、混雑《こんざつ》した場《ば》を利用《りよう》して、おしりや胸《むね》、またの間《あいだ》など、他人《たにん》には見《み》せない大事《だいじ》な場所《ばしょ》をさわるいたずらをする人《ひと》を「チカン」という。

これは、重大《じゅうだい》な犯罪《はんざい》なんだ。

小《ちい》さな女《おんな》の子《こ》や男《おとこ》の子《こ》をねらってさわるチカンもいる。

もし、さわられているのに気《き》づいたら、とってもこわいけど、勇気《ゆうき》を出《だ》して「やめてください！」と声《こえ》を出《だ》そう。

防犯《ぼうはん》ブザーを鳴《な》らしてもいい。

周《まわ》りの人《ひと》や駅員《えきいん》さんが、必《かなら》ずきみの味方《みかた》になってくれるからだいじょうぶ。

「どうしたの」と聞《き》かれたら、何《なに》をされたかを人《ひと》に話《はな》そう。

知《し》らない人《ひと》に体《からだ》をさわられたら、誰《だれ》だっていやな気持《きも》ちになる。大事《だいじ》なことは、できるだけ早《はや》く家族《かぞく》や先生《せんせい》にその被害《ひがい》を報告《ほうこく》すること。気持《きも》ちが楽《らく》になるよ。

チカン

カザマくんの塾帰《じゅくがえ》り
タタン
タタン
タタン・・・
やだなぁ……
さっきから背中《せなか》に密着《みっちゃく》してくる人《ひと》がいる……
勇気《ゆうき》を出《だ》して言《い》うんだ……
や…やめてくだ……
ペタ〜〜
なんだ!? しんのすけ!!
↑つづく
↙つづき
なんで電車《でんしゃ》に乗《の》ってんだよ!?
オラ母《かあ》ちゃんとおでかけの帰《かえ》り
?
ナデナデ
なんで そのお姉《ねえ》さんのおしりさわってんの? おしりあい?
!?
ち…違《ちが》う!! この人《ひと》チカンです!!
エライ!!
えっへん!!
いよっ! 正義《せいぎ》のヒーロー!!

15 知《し》らない人《ひと》に腕《うで》をつかまれた！ すぐに大《おお》きな声《こえ》を出《だ》して逃《に》げて!!

知《し》らない人《ひと》に突然《とつぜん》、腕《うで》をつかまれ、引《ひ》っ張《ぱ》られたら、きみはどうする？「なんだろう」とぽかんとしていてはダメ。これは大《だい》ピンチ！　きみの同意《どうい》も得《え》ないまま、突然《とつぜん》、腕《うで》を引《ひ》っ張《ぱ》るなんて、暴力的《ぼうりょくてき》なこと。許《ゆる》しちゃいけない、異常《いじょう》なことなんだ！

すぐに「助《たす》けて！」「やめろー！」と、できるだけ大《おお》きな声《こえ》で叫《さけ》ぶんだ！悪《わる》い事《こと》をする人《ひと》は、音《おと》が苦手《にがて》。

叫《さけ》び続《つづ》けているうちに、びっくりして手《て》をゆるめるから、そのすきに手《て》をふりほどいて、逃《に》げる。できるだけ早《はや》く防犯《ぼうはん》ベルを鳴《な》らそう。

こわさのあまり、声《こえ》が出《で》なくなってしまうこともある。防犯《ぼうはん》ブザーを鳴《な》らす練習《れんしゅう》や、大《おお》きい声《こえ》を出《だ》す訓練《くんれん》は必要《ひつよう》。「キャー」よりも、異常《いじょう》を知《し》らせる「ウォオオオオ！」という大《おお》きな声《こえ》を出《だ》せるように練習《れんしゅう》しておこう。

大声《おおごえ》の練習《れんしゅう》

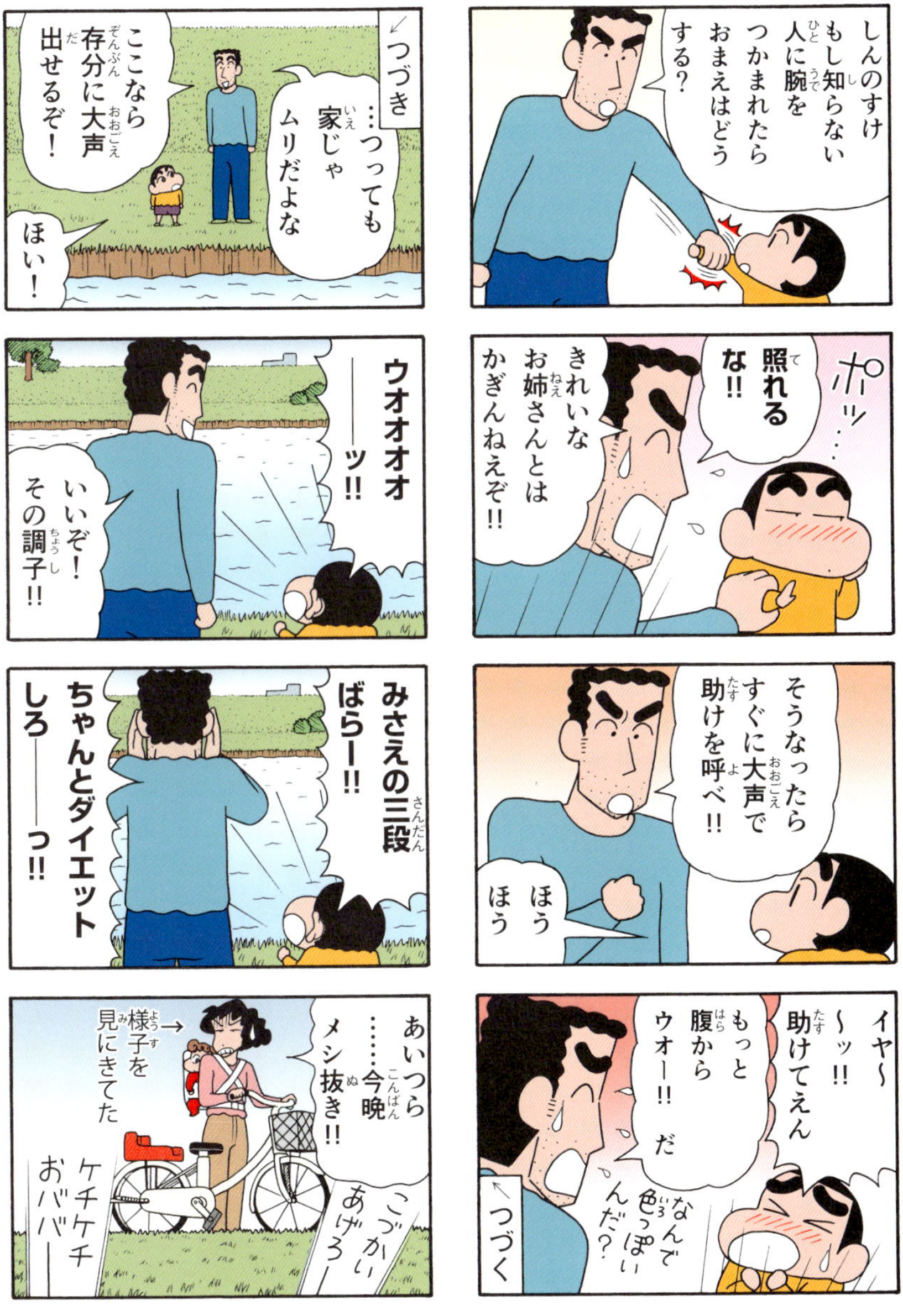

しんのすけ もし知《し》らない人《ひと》に腕《うで》をつかまれたらおまえはどうする?
ポッ…
照《て》れるな!!
きれいなお姉《ねえ》さんとはかぎんねえぞ!!
そうなったらすぐに大声《おおごえ》で助《たす》けを呼《よ》べ!!
ほうほう
イヤ〜〜ッ!! 助《たす》けてえん
もっと腹《はら》からウオー!!だ
なんで色《いろ》っぽいんだ?
つづく
つづき
…つっても家《いえ》じゃムリだよな
ここなら存分《ぞんぶん》に大声《おおごえ》出《だ》せるぞ!
ほい!
ウオオオオオ———ッ!!
いいぞ!その調子《ちょうし》!!
みさえの三段《さんだん》ばらー!!
ちゃんとダイエットしろ———っ!!
あいつら……今晩《こんばん》メシ抜《ぬ》き!!
様子《ようす》を見《み》にきてた→
こづかいあげろー
ケチケチおババー

16

子《こ》どもって案外強《あんがいつよ》いんだ！ こわい人《ひと》から全力《ぜんりょく》で自分《じぶん》を守《まも》る方法《ほうほう》

体《からだ》の大《おお》きな人《ひと》に、後《うし》ろからつかまえられたりしたら、絶体絶命《ぜったいぜつめい》!? とんでもない、子《こ》どもって意外《いがい》と強《つよ》いんだ。

かみつく。しゃがみこんで抜《ぬ》けだし、ダッシュする。相手《あいて》の足《あし》の小指《こゆび》のあたりをねらって、思《おも》い切《き》り踏《ふ》みつける。

地面《じめん》に転《ころ》がり、両足《りょうあし》をつかって、相手《あいて》のすねをめちゃくちゃにける。

後《うし》ろから口《くち》をふさがれたら、相手《あいて》の小指《こゆび》だけつかんで思《おも》いきりはがしたり、自分《じぶん》の手《て》を組《く》んで両腕《りょううで》を振《ふ》り回《まわ》したりすれば、相手《あいて》から逃《のが》れられる。

大声《おおごえ》で叫《さけ》ぶ。ランドセルを投《な》げつける。相手《あいて》がひるんだ一瞬《いっしゅん》のすきに、逃《に》げるんだ。

「山田《やまだ》さん！助《たす》けて！」と名前《なまえ》を言《い》うと、知《し》り合《あ》いが近《ちか》くにいると思《おも》って、悪《わる》い人《ひと》があわてることがあるよ。

どんなときでもあきらめちゃダメ。

きみなら絶対《ぜったい》に逃《に》げられる！

自分《じぶん》の身《み》の守《まも》りかた

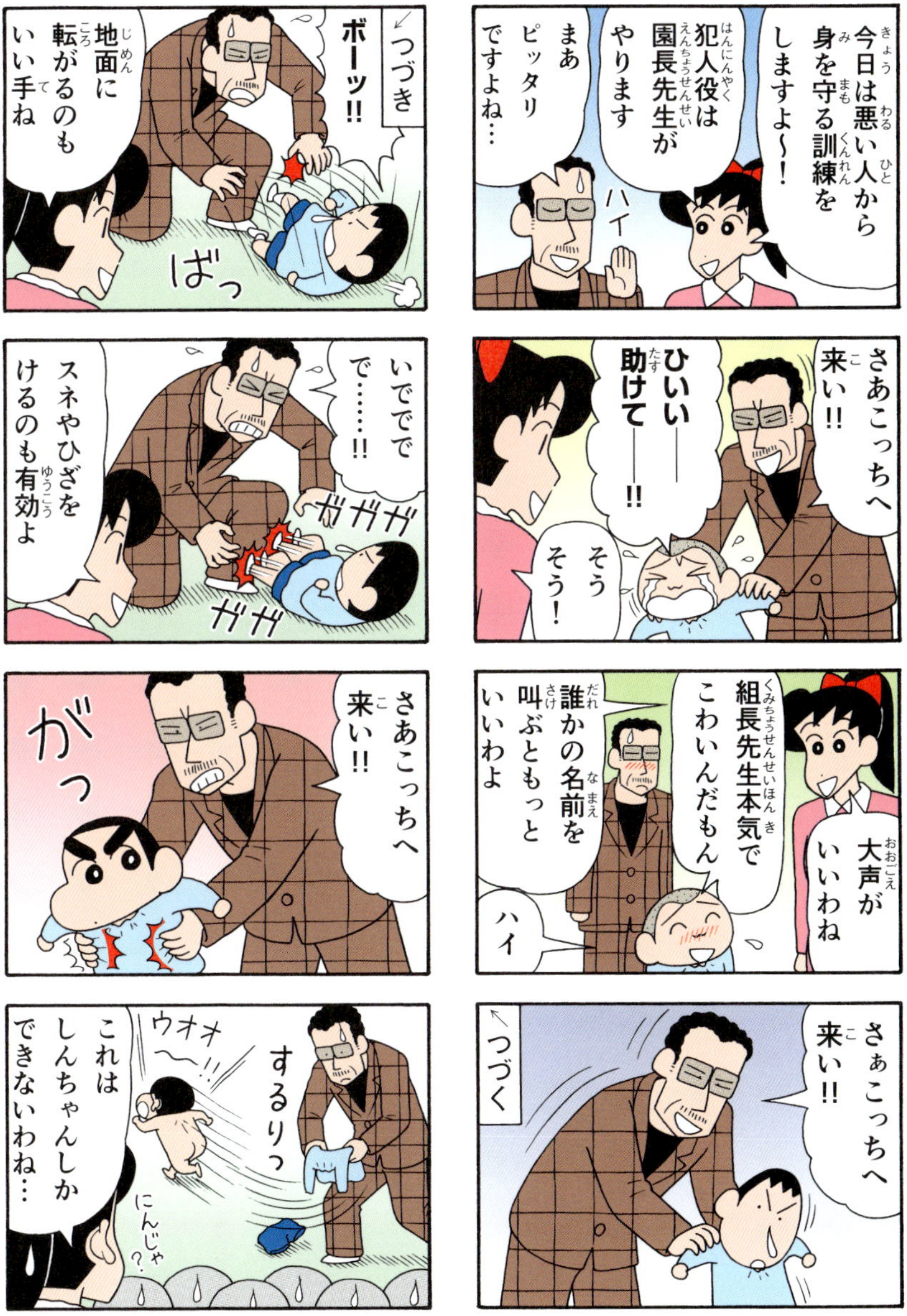
今日《きょう》は悪《わる》い人《ひと》から身《み》を守《まも》る訓練《くんれん》をしますよ～！
犯人役《はんにんやく》は園長先生《えんちょうせんせい》がやります
まあピッタリですよね…
ハイ
さあこっちへ来《こ》い!!
ひいい――助《たす》けて――!!
そうそう！
大声《おおごえ》がいいわね
組長先生本気《くみちょうせんせいほんき》でこわいんだもん
誰《だれ》かの名前《なまえ》を叫《さけ》ぶともっといいわよ
ハイ
さぁこっちへ来《こ》い!!
つづく
つづき
ボーッ!!
地面《じめん》に転《ころ》がるのもいい手《て》ね
ばっ
いでででで……!!
スネやひざをけるのも有効《ゆうこう》よ
ガガガ
ガガ
さあこっちへ来《こ》い!!
がっ
ウオオ～～!!
するりっ
これはしんちゃんしかできないわね…
にんじゃ？

17 知《し》らない場所《ばしょ》でまいごになったら!?

まいごになったら、不安《ふあん》になる。でも、あちこち歩《ある》いてしまうと、元《もと》の場《ば》所《しょ》からどんどん離《はな》れて、かえって見《み》つかりにくくなってしまうんだ。

大型《おおがた》ショッピングセンターや遊園地《ゆうえんち》などなら、ネームホルダーをつけた店《てん》員《いん》、警備員《けいびいん》に助《たす》けを求《もと》めよう。

山《やま》の中《なか》など、ハイキング中《ちゅう》にまいごになったときは、動《うご》き回《まわ》らず、迷《まよ》った場所《ばしょ》でじっとしていること。

どんどん歩《ある》いてしまうと、沢《さわ》などに下《お》りてしまい、とても危険《きけん》。

知《し》らない人《ひと》が、「向《む》こうにお父《とう》さんがいたからいっしょに行《い》こう」などと言《い》っても、ついて行《い》かないこと。見《み》つけてもらうまでその場《ば》で待《ま》っていよう。

行楽地《こうらくち》に出《で》かけるときは、目立《めだ》つ色《いろ》の服《ふく》で行《い》こう。まいごになりにくいし、派手《はで》な色《いろ》の服《ふく》を着《き》ていると、誘拐《ゆうかい》などの犯罪《はんざい》にもあいにくいよ。

まいごになったゾ

サトーココノカドー
3F おもちゃ大《だい》バーゲン
屋上《おくじょう》ビアガーデン営
今日《きょう》は混《こ》んでるなぁ～
ザワ ザワ
きっとまいごも多《おお》いだろうなァ
そのひとりにならないでね
おもちゃ大《だい》バーゲン!!
♪
お
ほうほう!
おーっ
ほほ～
母《かあ》ちゃんあれ買《か》って!
ぐいっ
おお!? 誰《だれ》!?
ぼうやこそだあれ?
んも～母《かあ》ちゃんたら……
ポリ ポリ
動《うご》き回《まわ》っちゃダメでしょ～!
お!

←つづく

す〜〜〜……
R
6
5
4
B1
B2
ん？ ボク何階《なんかい》に行《い》くの
きみとどこまでも行《い》きたい
面倒《めんどう》くさいのに会《あ》っちゃったなぁ……
ガ〜〜…
あ！
すみません！この子《こ》まいごみたいで
まいごはオラの母《かあ》ちゃんだゾ
ハイハイ…とにかくおじさんとまいごセンターに行《い》こうね
そんなこと言《い》ってオラをさらう気《き》だな？
おじさんここの店員《てんいん》なんだよ 信《しん》じてよ〜
まいごセンター
ボクお名前《なまえ》は？
のは…
ハッ

知《し》らない人《ひと》に名前《なまえ》教《おし》えちゃダメよ!
ないしょ!
それじゃ放送《ほうそう》かけられないのよ?
母《かあ》ちゃんの名前《なまえ》ならいいよ
じゃそれでもいいわ
ピンポンパンポーン
まいごのお知《し》らせをいたします
春日部市《かすかべし》からおこしの野原《のはら》みさえ様《さま》…
あっコラやめなさい!
オラもしゃべりた〜い!
ハッ!! しんのすけ!
ドタバタ
おベンピ六日目《むいかめ》のみさえさん早《はや》く来《き》…
ボクだめよ!! マイク返《かえ》して!!
あのおバカ…
あの〜まいごセンターはどこでしょう?
あ…こちらです
おベンピのみさえさんだな
この人《ひと》が
すみませ〜ん!! その子《こ》の母親《ははおや》です
ホッ…
遅《おそ》いゾみさえ〜
勝手《かって》にどっか行《い》かないでよね!
自分《じぶん》に言《い》え!!

「誰《だれ》」と「どこへ」を必《かなら》ず家《いえ》の人《ひと》に伝《つた》えて出《で》かけよう

遊《あそ》びに出《で》かけるときには、①どこへ行《い》くのか ②誰《だれ》といっしょか ③何時《なんじ》に帰《かえ》るか、この3つを正確《せいかく》に伝《つた》えよう。

おうちの人《ひと》がるすだったら、メモを書《か》いて残《のこ》すか、おうちの人《ひと》の携帯電話《けいたいでんわ》に連絡《れんらく》して伝《つた》えよう。

予定《よてい》より帰《かえ》りが遅《おそ》くなってしまうなど、何《なに》か変更《へんこう》が出《で》たら、すぐに電話《でんわ》で連絡《れんらく》しよう。

予定《よてい》を伝《つた》えて、予定《よてい》どおりの時間《じかん》に帰《かえ》ることは、自分《じぶん》の行動《こうどう》に責任《せきにん》を持《も》つということ。とても大事《だいじ》なことなんだ。

予定《よてい》どおりにできれば、きみの信頼《しんらい》度《ど》のポイントが上《あ》がっていく。

信頼関係《しんらいかんけい》ができていれば、きみの一《いち》大事《だいじ》に家族《かぞく》がすぐに気《き》づく。緊急事態《きんきゅうじたい》にも、すばやく対応《たいおう》できる。

家族《かぞく》との約束《やくそく》を守《まも》ることは、家族《かぞく》との信頼関係《しんらいかんけい》と安全確認《あんぜんかくにん》のために、とても大切《たいせつ》なことなんだ。

人《ひと》から信用《しんよう》されるには

遊《あそ》びに行《い》ってくる〜!
待《ま》ちなさい!!
どこへ?
ぞうのしり公園《こうえん》
誰《だれ》といっしょ?
マサオくんとボーちゃん
何時《なんじ》に帰《かえ》る?
さあ
5時《じ》には帰《かえ》りなさいっ!!
←つづく
↙つづき
出《で》かけるときはどこへ誰《だれ》といっしょで何時《なんじ》に帰《かえ》るを伝《つた》えてから行《い》くこと!!
ほ〜い
そしてその予定《よてい》は絶対守《ぜったいまも》ること!!でないと人《ひと》から信用《しんよう》されなくなるわよ!わかった?
わかった
その夜《よる》
ウィ〜
食《く》ってきちゃったぁメシいらね〜
え!? あなたのぶん作《つく》って待《ま》ってたのよ!!
だからあなたは信用《しんよう》できないのよ
ゴメン!!わかったから殴《なぐ》るなって!!
ほほう…なるほど!!

19

サンダルに気《き》をつけて！ 動《うご》きやすいくつで出《で》かけよう

玄関先《げんかんさき》だけのつもりでサンダルばきで出《で》て、そのまま遊《あそ》びに行《い》くのは危険《きけん》。サンダルは、さっとはきやすくて便《べん》利《り》だけど、動《うご》きにくい。公園《こうえん》の遊具《ゆうぐ》に引《ひ》っかけたり、川《かわ》に流《なが》されたりしやすいし、町《まち》の中《なか》ではエスカレーターにもはさみやすい。

外《そと》に出《で》かけるときは、必《かなら》ず、動《うご》きやすいはきなれたくつで。きちんとかかとを入《い》れてはいて、出《で》かけよう。

面倒《めんどう》でも、家《いえ》でひもを結《むす》んでから、出《で》かけよう。しっかり身《み》じたくをすることが事故《じこ》を防《ふせ》ぐんだ。

洋服《ようふく》も、動《うご》きやすい服《ふく》にしよう。パーカーのひもや、ズボンのすそにあるひもは遊具《ゆうぐ》に引《ひ》っかかりやすくて危険《きけん》。ひもがついた服《ふく》は避《さ》けよう。

外遊《そとあそ》びでは、体《からだ》が自由《じゆう》に動《うご》くことが一番大事《いちばんだいじ》。動《うご》きやすく危険《きけん》のない服装《ふくそう》で外遊《そとあそ》びに出《で》かけよう！

父《とう》ちゃんの後悔《こうかい》

父《とう》ちゃん魚《さかな》とれたゾ!!
お〜!!でかした!!
ザバー
よーし!帰《かえ》るぞ
父《とう》ちゃんおんぶ!
何《なに》言《い》ってんだ自分《じぶん》で歩《ある》け!
サンダル流《なが》されちゃって……
……
あ〜あ…クツをはかせてくるんだったぜ……
ぐ〜…

ひもに注意《ちゅうい》

マサオくんが鬼《おに》だ〜!!
まて〜!!
おお〜!!すごいゾマサオくん
かっこいい!!
スパイダーマンみたい!
感心《かんしん》してないで助《たす》けて〜!!

20

外《そと》でひとりぼっちは危険《きけん》 仲間《なかま》と組《く》んで、いっしょに遊《あそ》ぼう

学校《がっこう》から帰《かえ》って、公園《こうえん》などに遊《あそ》びに行《い》くときは、友《とも》だちといっしょに行《い》こう。ふたり以上《いじょう》で行動《こうどう》しよう。悪《わる》い人《ひと》は、ひとりで遊《あそ》んでいる子《こ》どもを探《さが》している。何人《なんにん》かで遊《あそ》んでいれば、声《こえ》をかけるのはあきらめる。だから、なるべくひとりにならない。

虫探《むしさが》しをするときも、夢中《むちゅう》になってひとりだけはぐれてしまわないように、ときどき友《とも》だちと声《こえ》をかけ合《あ》いながらにしよう。

人気《ひとけ》のない、木《き》や草《くさ》がうっそうと茂《しげ》っている場所《ばしょ》にはひとりで入《はい》らない。できるだけ明《あか》るい場所《ばしょ》で遊《あそ》ぼう。

とくに、公園《こうえん》のトイレは、犯罪《はんざい》が起《お》こりやすい場所《ばしょ》。ひとりで行《い》かず、必《かなら》ず友《とも》だちと連《つ》れ立《だ》って行《い》こう。

防犯《ぼうはん》ブザーやキッズ携帯《けいたい》などを持《も》っている場合《ばあい》は、外遊《そとあそ》びのときにも持《も》って行《い》くようにしよう。

なるべくひとりにならない

外《そと》で遊《あそ》ぶときは誰《だれ》かといっしょにね！ ひとりで公園《こうえん》に行《い》かないこと！
ほい
クマゴローくんとスヌープーくんと公園《こうえん》に行《い》くー
ハーイ！ 5時《じ》には帰《かえ》るのよ！
……ん？
クマゴローくんとスヌープーくんなんて友《とも》だちいたっけ？
つづく
いってきますだおかだ〜！
それはひとりでしょうが!!
つづき
マサオくんたちは？
みんな用《よう》があるって
じゃ家《いえ》の中《なか》で遊《あそ》べば？
ヤダ！ オラ公園《こうえん》に行《い》きたい気分《きぶん》なの!!
しょうがないわね〜 じゃつきあうわよ
公園《こうえん》
えーい
おお〜ホームラン!!
3分後《ぶんご》
ガサガサ
戻《もど》ってこないと思《おも》ったら!!
ほ〜

21 駐車場《ちゅうしゃじょう》やマンションの階段《かいだん》では遊《あそ》ばない！

駐車場《ちゅうしゃじょう》や駐輪場《ちゅうりんじょう》は、とっても危険《きけん》な場所《ばしょ》。

小学生《しょうがくせい》が犯罪《はんざい》にあう事件《じけん》の多《おお》くが、じつは駐車場《ちゅうしゃじょう》、駐輪場《ちゅうりんじょう》で起《お》こっているんだ。

いろんな人《ひと》が出入《でい》りできる場所《ばしょ》だけど、車《くるま》の陰《かげ》になって見通《みとお》しが悪《わる》く、周囲《しゅうい》から見《み》えにくい。

同《おな》じように危険《きけん》なのが、マンションやアパートの非常階段《ひじょうかいだん》や屋上《おくじょう》。昼間《ひるま》でも人通《ひとどお》りが少《すく》なく、危険《きけん》な場所《ばしょ》。子《こ》どもだけでは利用《りよう》しないこと。

マンションなどの敷地内《しきちない》の駐車場《ちゅうしゃじょう》や階段《かいだん》、屋上《おくじょう》は、家《いえ》の近《ちか》くだから安心《あんしん》な気《き》がする。けれど、私有地《しゆうち》で警察《けいさつ》の人《ひと》などが日常的《にちじょうてき》に見《み》まわりできないため、悪《わる》い人《ひと》がひそむこともできてしまう。注意《ちゅうい》しなければいけない場所《ばしょ》なんだ。

自分《じぶん》の家《いえ》のそばでも、危険《きけん》な場所《ばしょ》があるということを知《し》っておこう。

危険《きけん》な遊《あそ》び場《ば》

駐車場《ちゅうしゃじょう》
あれ〜? マサオくん どこ行《い》った〜?
ささっ
おっ そこか!! 待《ま》てーー!
お? あんた 誰《だれ》?
おおっ いた!!
しんちゃーん こっちだよ!
↖つづく
↙つづき
ねぇ この子《こ》 マサオくんの 知《し》り合《あ》い?
え?
たたた…
「この子《こ》」って?
あれ?
その夜《よる》
二丁目《にちょうめ》の 駐車場《ちゅうしゃじょう》に 知《し》らない子《こ》 いたけど 誰《だれ》だろ?
テンコーセー?
え!? ダメよ あそこで遊《あそ》んじゃ!!
三年前《さんねんまえ》に あそこで 五歳《ごさい》の 女《おんな》の子《こ》が 亡《な》くなったのよ!!
あぶないでしょ
ゾ〜
あれは・・・ まさか……

22 ご近所《きんじょ》に安全《あんぜん》な避難場所《ひなんばしょ》を作《つく》っておこう

「子《こ》ども110番《ばん》の家《いえ》」は、緊急事態《きんきゅうじたい》が起《お》きたときに、子《こ》どもが駆《か》け込《こ》める家《いえ》。クリーニング屋《や》さんやガソリンスタンド、タクシーなどにもこのマークがはってあることがある。

何《なに》かあったときに助《たす》けを求《もと》めれば、その家《いえ》の人《ひと》が守《まも》って、警察《けいさつ》に通報《つうほう》してくれるよ。

近所《きんじょ》にある**「子《こ》ども110番《ばん》の家《いえ》」を確認《かくにん》**しておこう。その他《ほか》にも、コンビニや郵便局《ゆうびんきょく》など、**安全《あんぜん》な避難場所《ひなんばしょ》を作《つく》っておこう**。

ふだんから、おうちの人《ひと》といっしょにあいさつをして、ご近所《きんじょ》を知《し》っている人《ひと》ばかりにしておくことは大事《だいじ》。**住《す》んでいる人《ひと》たちがお互《たが》いに知《し》り合《あ》いで、みんなで声《こえ》をかけ合《あ》う地域《ちいき》は、犯罪《はんざい》が少《すく》ない**ことが知《し》られているんだ。

いざというときに、ご近所《きんじょ》の人《ひと》がきみの味方《みかた》になってくれるよ。

緊急《きんきゅう》事態《じたい》①

ハァ
ハァ
ハァ
ハァ
こども 110ばん のいえ
ガチャ
おばちゃん助《たす》けてー!!
どうしたのボク!?
み…水《みず》ぅ……カルピスでも可《か》……
フラフラ…
のどが乾《かわ》いたのね
カルピスごちそー様《さま》でしたぁ♪
どういたしまして~
♪~
こども 110ばん のいえ

緊急《きんきゅう》事態《じたい》②

別《べつ》の日《ひ》
ガチャ
おばちゃん助《たす》けて~!!
いらっしゃいボクまたカルピス?
違《ちが》うゾ!! 今日《きょう》は追《お》われています!
まあ!! 通報《つうほう》しなきゃ!!
おじゃま…しんのすけいたー!!
うわああ母《かあ》ちゃん!!
車《くるま》に小石《こいし》ぶつけてたもので……おじゃましました~!
またいつでもどうぞ~
こども 110ばん

犯罪危険《はんざいきけん》マップ
犯罪《はんざい》や事故《じこ》が起《お》こりやすい場所《ばしょ》はここだ！
公園《こうえん》の端《はし》にある、フェンスのない、木《き》に囲《かこ》まれた場所《ばしょ》。
木《き》などに囲《かこ》まれた、見《み》えにくいトイレ。
路上駐車《ろじょうちゅうしゃ》が多《おお》い場所《ばしょ》。
ゴミが散《ち》らかっている場所《ばしょ》。
誰《だれ》でも入《はい》れる囲《かこ》いのある外階段《そとかいだん》。
空《あ》き家《や》のある場所《ばしょ》や、へいに落書《らくが》きがある場所《ばしょ》。
駐車場《ちゅうしゃじょう》は、フェンスがあってもなくても危険《きけん》な場所《ばしょ》。
ガードレールの切《き》れるところに止《と》まっている車《くるま》に注意《ちゅうい》。
W.C
SOS
としょかん
バカ

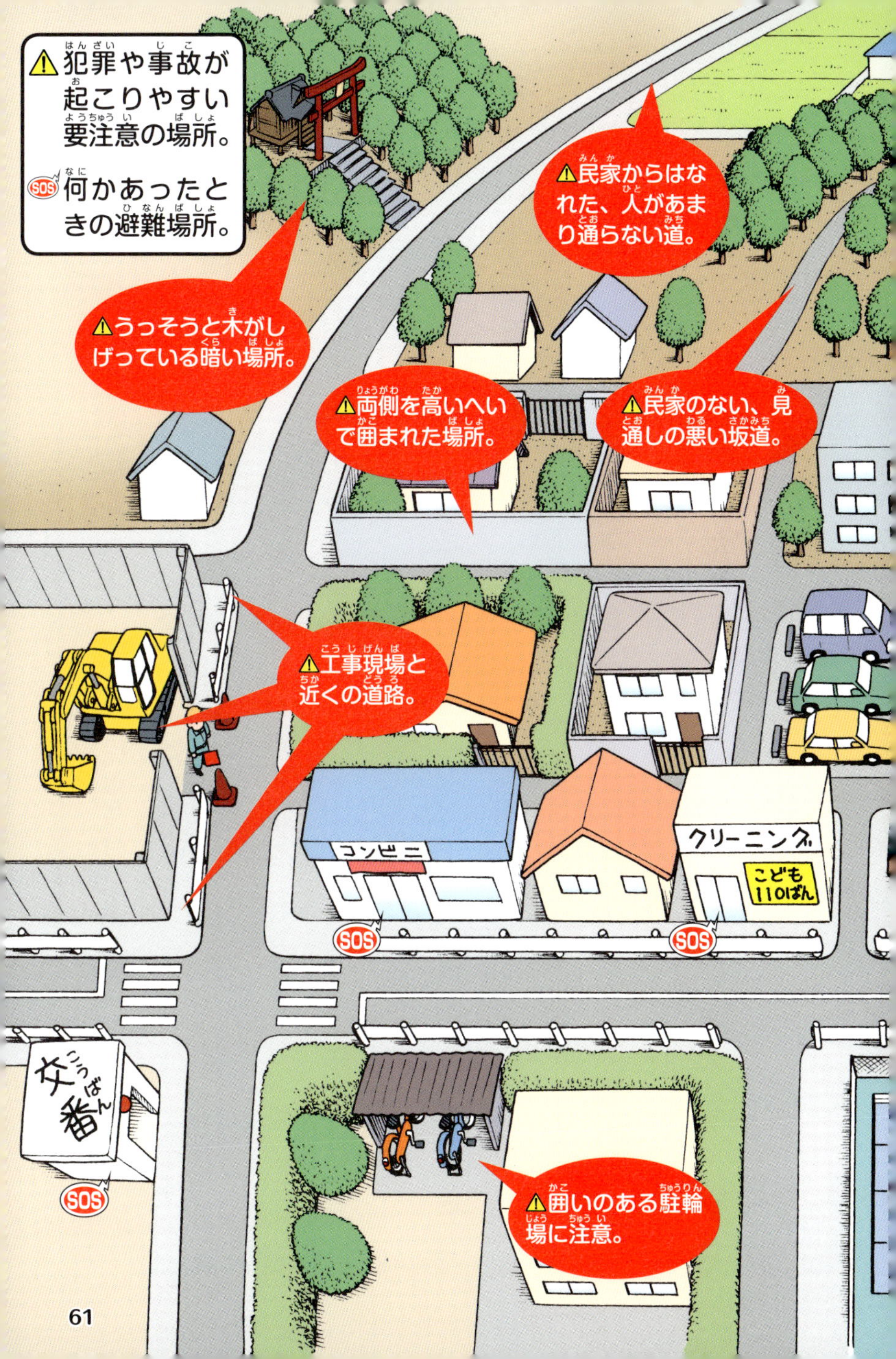

犯罪《はんざい》や事故《じこ》が起《お》こりやすい要注意《ようちゅうい》の場所《ばしょ》。
SOS 何《なに》かあったときの避難場所《ひなんばしょ》。
民家《みんか》からはなれた、人《ひと》があまり通《とお》らない道《みち》。
うっそうと木《き》がしげっている暗《くら》い場所《ばしょ》。
両側《りょうがわ》を高《たか》いへいで囲《かこ》まれた場所《ばしょ》。
民家《みんか》のない、見《み》通《とお》しの悪《わる》い坂道《さかみち》。
工事現場《こうじげんば》と近《ちか》くの道路《どうろ》。
コンビニ
クリーニング
こども110ばん
SOS
SOS
交番《こうばん》
SOS
囲《かこ》いのある駐輪《ちゅうりん》場《じょう》に注意《ちゅうい》。

23

「これなんだ？」の前《まえ》にちょっと待《ま》って！ 近《ちか》づいちゃいけない危険《きけん》な物《もの》

外《そと》で遊《あそ》んでいると、おもしろい物《もの》がいっぱいあって、つい、さわってみたくなる。でも、ちょっと待《ま》って！ さわったら、たいへんなことになるものだってあるんだ。

台風《たいふう》のあとなどに、たれ下《さ》がっている電線《でんせん》は、絶対《ぜったい》にさわっちゃいけない。感電《かんでん》して危険《きけん》。

液体《えきたい》が入《はい》っているビンや缶《かん》などが落《お》ちていても、さわらない。危険《きけん》な薬物《やくぶつ》が入《はい》っていることがある。

ショーウインドーなどのガラス。ためしに足《あし》でけってみよう、は危険《きけん》！

防空壕《ぼうくうごう》のような穴《あな》や、空《あ》き地《ち》、空《あ》き家《や》には、勝手《かって》に入《はい》らない！

好奇心《こうきしん》のままに行動《こうどう》しているうちに、思《おも》わぬ事故《じこ》につながることがある。

手《て》をのばしてさわる、入《はい》ってみる前《まえ》には、「ちょっと待《ま》てよ」と用心《ようじん》することを覚《おぼ》えよう。

冒険《ぼうけん》は命《いのち》がけだゾ

ねぇ カスカベ山《やま》の裏《うら》に病院《びょういん》の廃墟《はいきょ》があるみたいよ
行《い》ってみない？
おおっ 行《い》く行《い》く!!
ボクも
ちょっとこわいけどおもしろそう
やめなよ！ 不法侵入《ふほうしんにゅう》だよ！
じゃ カザマくんをのぞいた4人《にん》で行《い》こう
あそこだね
裏《うら》飯《めし》医《い》院《いん》
電線《でんせん》が切《き》れてる…
絶対《ぜったい》さわっちゃダメだよ!! 感電《かんでん》するよ!!
ていうかカザマくんも来《き》たんだね
みんなが無茶《むちゃ》しないよう見《み》はりに来《き》たんだよ!!
おじゃましますぅ〜
ボク…やっぱ外《そと》で待《ま》ってようかな…
何《なに》言《い》ってんだよ!!
もう引《ひ》き返《かえ》せないよ!!
カザマくんじつはノリノリだよね？
ひっ!? 誰《だれ》かいる!!
ボ〜〜…

つづく↑

人体模型《じんたいもけい》だよ！マサオくん
な…な～んだ…
ホッ
ずいーっ
ぎゃあああ〜〜っ!!
えへ〜驚《おどろ》いた？
うわ〜ん!!やっぱ出《で》る〜!!
そういうベタなのやめろよ!!
わぁ〜薬《くすり》ビンがこんなに…
わくわく
わっ本物《ほんもの》の注射器《ちゅうしゃき》!!
こういうのがあればお医者《いしゃ》さんごっこがリアルになるわ〜♪
ネネちゃんさわっちゃダメだよ!!
さわっただけで危険《きけん》な薬《くすり》もあるかも！注射器《ちゅうしゃき》にも病気《びょうき》の菌《きん》がついてるかも!!
コロン
そ…そうね…
ボ…何《なに》かいる！
またしんのすけだろ!!何度《なんど》もやるなよ!!
ゴソッ…
なあに？呼《よ》んだ？
え…？じゃこっちは……？

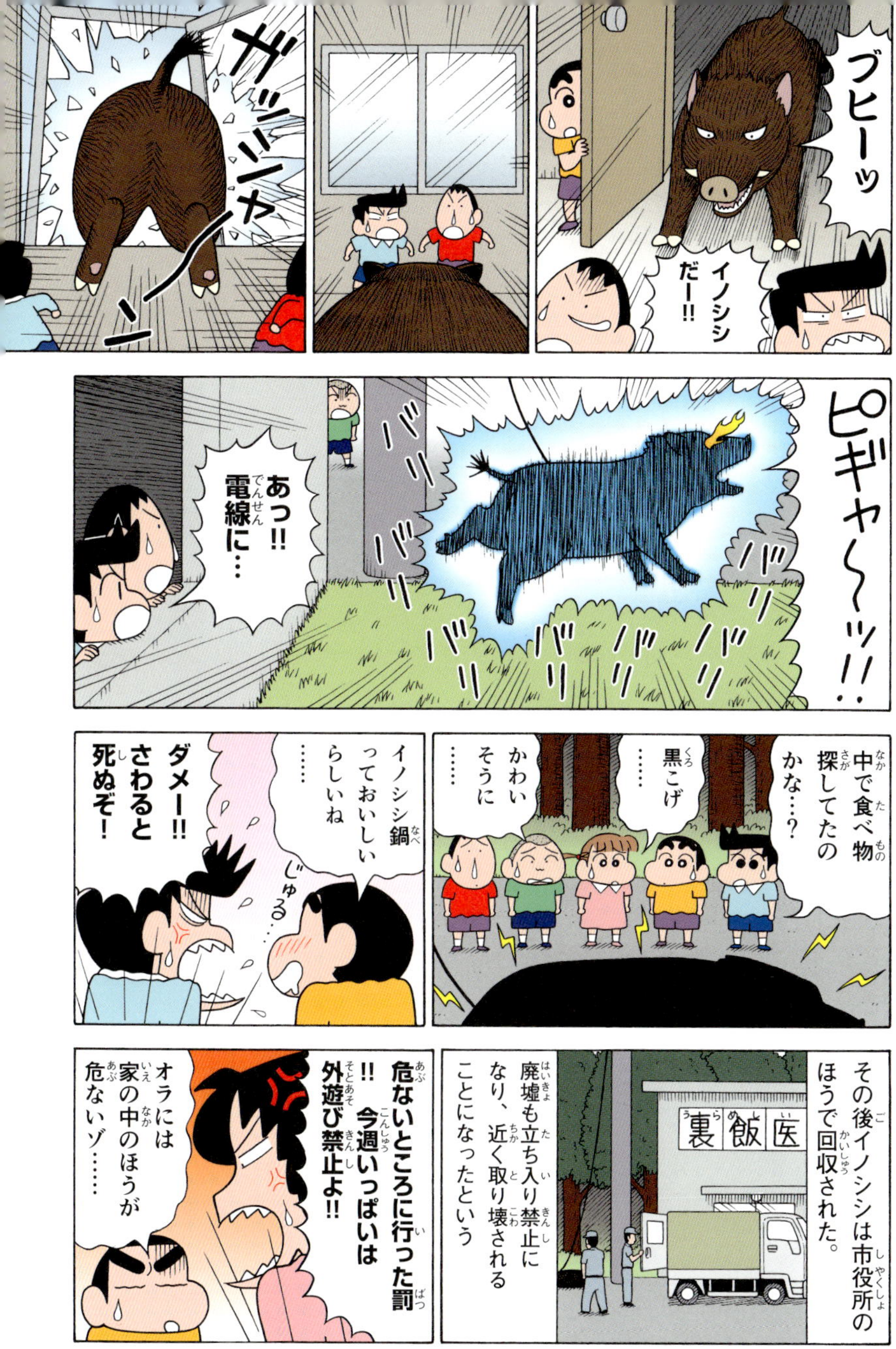
ブヒーッ
イノシシだー!!
ガッシャーン
ピギャ〜〜ッ!!
バリバリ
バリバリ
バリバリ
バリバリ
バリバリ
バリバリ
あっ!! 電線《でんせん》に…
中《なか》で食《た》べ物《もの》探《さが》してたのかな…?
黒《くろ》こげ……
かわいそうに……
イノシシ鍋《なべ》っておいしいらしいね……
じゅる…
ダメー!! さわると死《し》ぬぞ!
その後《ご》イノシシは市役所《しやくしょ》のほうで回収《かいしゅう》された。
裏《うら》飯《めし》医《い》
廃墟《はいきょ》も立《た》ち入《い》り禁止《きんし》になり、近《ちか》く取《と》り壊《こわ》されることになったという
危《あぶ》ないところに行《い》った罰《ばつ》!! 今週《こんしゅう》いっぱいは外遊《そとあそ》び禁止《きんし》よ!!
オラには家《いえ》の中《なか》のほうが危《あぶ》ないゾ……

24

どんなドアでも開《あ》け閉《し》めに気《き》をつけて

ドアって、意外《いがい》にこわいもの。ケガなどの事故《じこ》が起《お》こりやすいんだ。急《いそ》いでいても、乱暴《らんぼう》に開《あ》け閉《し》めしないこと。ドアで遊《あそ》んだりふざけたりすることも、絶対《ぜったい》にやめよう。

一番多《いちばんおお》いのは、指《ゆび》をはさむ事故《じこ》。ドアが開《あ》いているときにできるすき間《ま》には、絶対《ぜったい》に指《ゆび》を入《い》れないように気《き》をつけよう。

自動《じどう》ドアにも注意《ちゅうい》。エラーが起《お》きて、センサーが正常《せいじょう》にはたらかないことがある。体《からだ》をはさまれたり、激突《げきとつ》してガラスを突《つ》きやぶったりする事故《じこ》も起《お》きている。

電車《でんしゃ》や車《くるま》のドアにも気《き》をつけよう。電車《でんしゃ》のドアにはよりかかったりしないこと。電車《でんしゃ》が走《はし》っているから絶対開《ぜったいひら》かないとはかぎらない。

あらゆるドアには危険《きけん》があることを知《し》っておこう。

危険《きけん》なすきま

ドアが開《あ》いてるときにここに指《ゆび》を入《い》れたらダメよ！
ドアを閉《し》めたら挟《はさ》まっちゃうからね
ほい
!?
キャン
パタン
ヒリヒリ
シッポにも気《き》をつけてね

コンビニ

おにぎり 100えん
ガーーッ
ガン
うおっ!?
体重《たいじゅう》が軽《かる》すぎるのかもな〜
ムキー
オラ怒《おこ》ったゾ!!
ワッハッハッハ…まいったか!!
ガーーッ
そこまでせんでも

25

スピードの出《だ》しすぎに注意《ちゅうい》！自転車《じてんしゃ》は交通《こうつう》ルールを守《まも》って乗《の》ろう

自転車《じてんしゃ》でスピードが出《で》すぎて、曲《ま》がり切《き》れずに木《き》や電柱《でんちゅう》などにぶつかってしまったことはないかな？

スピードが出《で》ると、ぶつかったときの衝撃《しょうげき》も大《おお》きくなる。自転車《じてんしゃ》に乗《の》った小学生《しょうがくせい》が相手《あいて》に大《おお》ケガを負《お》わせてしまう交通事故《こうつうじこ》も起《お》きている。

自分《じぶん》と他人《たにん》の命《いのち》を守《まも》るためにも、スピードを出《だ》しすぎないこと！

自転車《じてんしゃ》も車《くるま》の仲間《なかま》。交通《こうつう》ルールを守《まも》れないなら自転車《じてんしゃ》に乗《の》る資格《しかく》はないよ。

スピードを出《だ》しすぎない。絶対《ぜったい》に信号《しんごう》を守《まも》る。信号《しんごう》のない交差点《こうさてん》では、「止《と》まれ」の標識《ひょうしき》にしたがい、必《かなら》ず一時停止《いちじていし》しよう。夕方《ゆうがた》になったら、暗《くら》くなる前《まえ》にライトをつけよう。

小学生《しょうがくせい》のうちは歩道《ほどう》を走《はし》ろう。歩行者優先《ほこうしゃゆうせん》のルールを忘《わす》れずに。

歩《ある》いている人《ひと》にやさしい気持《きも》ちで自転車《じてんしゃ》に乗《の》ろう。

スピード注意《ちゅうい》

しんちゃん 待《ま》ってよ〜
シャーーッ
シャーッ
おおっ♡
ザザッ
わーっ
ガシャ
おわっ
危《あぶ》ないゾ マサオくん!!
しんちゃんが 急《きゅう》に止《と》まる からでしょ!!
スピードが出《で》てるとき 急《きゅう》に止《と》まるのは危険《きけん》

安全《あんぜん》のため

朝《あさ》
出発《しゅっぱつ》おしんこー
よっしゃ!! なすの ぬかづけー!!
この音《おと》…ライト ついてない?
ついてるよ
ギー ギー ギー
消《け》せば? 重《おも》いでしょ?
このほうが 速《はや》いのよ!
ギー ギー ギー
ささっ
ギ ギー
ピカー
周《まわ》りが早《はや》く 気《き》づいて どいてくれる でしょ!!

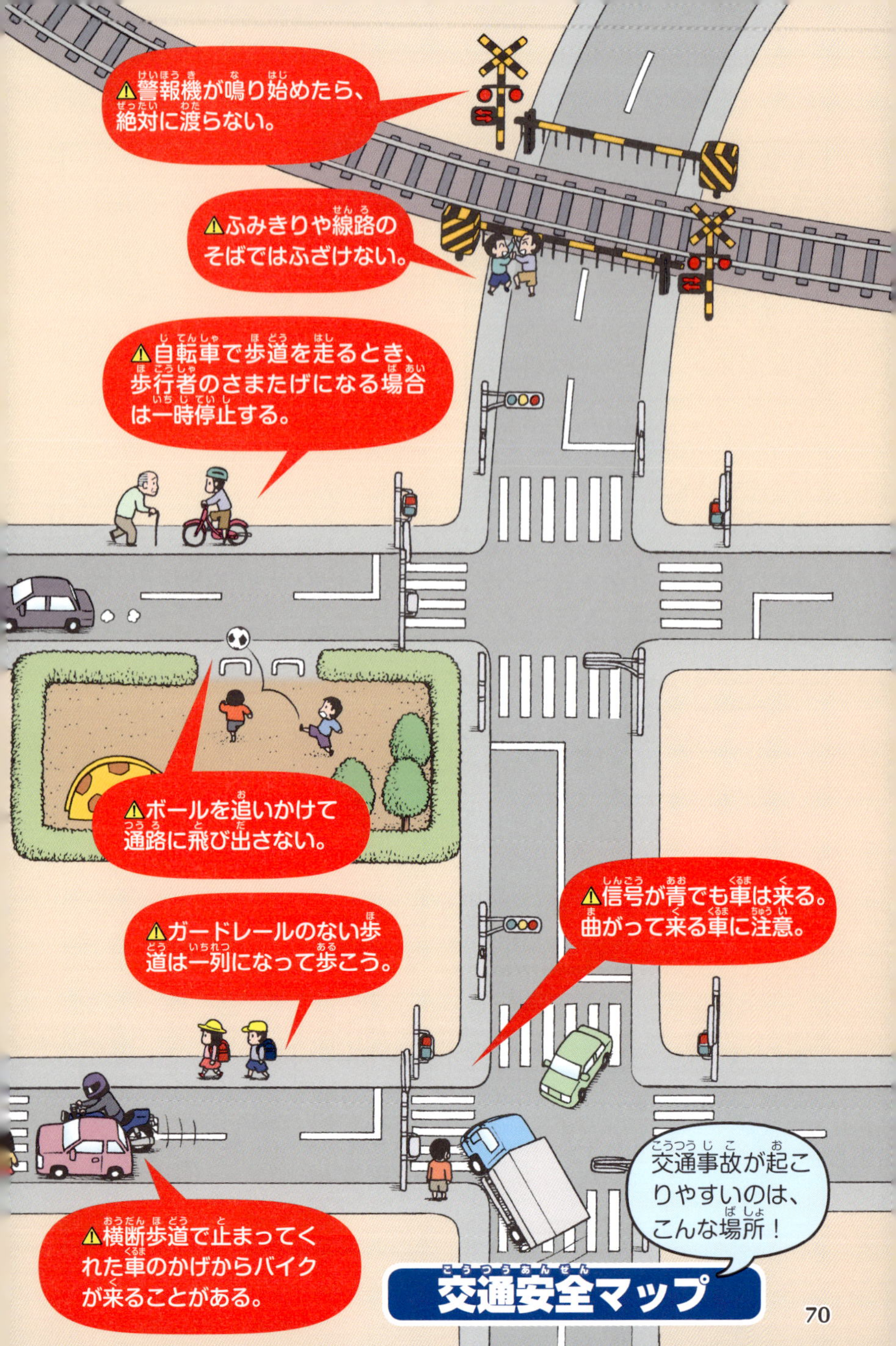

警報機《けいほうき》が鳴《な》り始《はじ》めたら、絶対《ぜったい》に渡《わた》らない。
ふみきりや線路《せんろ》のそばではふざけない。
自転車《じてんしゃ》で歩道《ほどう》を走《はし》るとき、歩行者《ほこうしゃ》のさまたげになる場合《ばあい》は一時停止《いちじていし》する。
ボールを追《お》いかけて通路《つうろ》に飛《と》び出《だ》さない。
信号《しんごう》が青《あお》でも車《くるま》は来《く》る。曲《ま》がって来《く》る車《くるま》に注意《ちゅうい》。
ガードレールのない歩《ほ》道《どう》は一列《いちれつ》になって歩《ある》こう。
横断歩道《おうだんほどう》で止《と》まってくれた車《くるま》のかげからバイクが来《く》ることがある。
交通事故《こうつうじこ》が起《お》こりやすいのは、こんな場所《ばしょ》！
交通安全《こうつうあんぜん》マップ

自転車《じてんしゃ》に乗《の》るときに知《し》っておきたい交通標識《こうつうひょうしき》

- 「進入禁止《しんにゅうきんし》」自転車《じてんしゃ》も入《はい》れないよ。
- 「車両通行止《しゃりょうつうこうど》め」自転車《じてんしゃ》も通行《つうこう》できないよ。
- 「自転車通行止《じてんしゃつうこうど》め」自転車《じてんしゃ》の通行禁止《つうこうきんし》だよ。
- 「徐行《じょこう》」自転車《じてんしゃ》もすぐに止《と》まれる速度《そくど》で走《はし》るよ。
- 「一時停止《いちじていし》」自転車《じてんしゃ》も一時停止《いちじていし》して左右《さゆう》の確認《かくにん》をすること。
- 「自転車《じてんしゃ》および歩行者専用《ほこうしゃせんよう》」自転車《じてんしゃ》も歩行者《ほこうしゃ》も通《とお》れる歩道《ほどう》だよ。自転車《じてんしゃ》は「ゆっくり」「車道寄《しゃどうよ》り」を通行《つうこう》する。歩行者《ほこうしゃ》のさまたげになるときは一時停止《いちじていし》するよ。

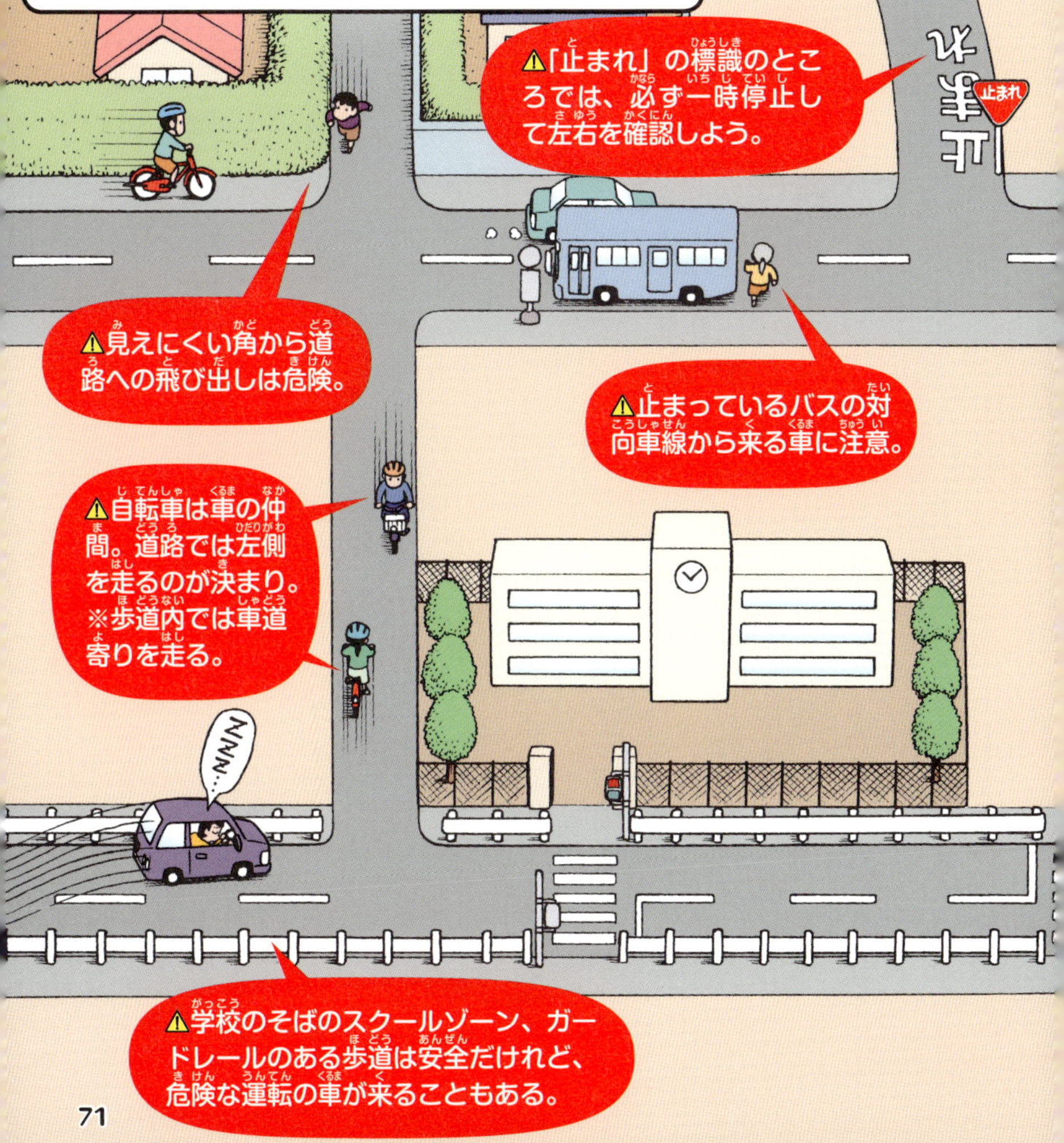

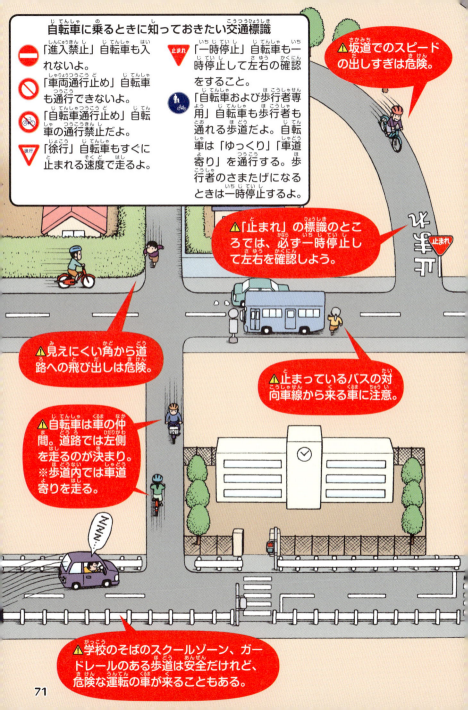

安全《あんぜん》な川《かわ》はない 子《こ》どもたちだけで遊《あそ》ばない

小学生《しょうがくせい》の事故《じこ》は、海《うみ》よりも山《やま》よりも、川《かわ》で多《おお》く起《お》こっている。浅《あさ》いから平気《へいき》だと、子《こ》どもたちだけで遊《あそ》びに行《い》かないようにしよう。

浅《あさ》い川《かわ》でも、水中《すいちゅう》に入《はい》ると、足《あし》に藻《も》がからまって動《うご》けなくなり、おぼれてしまうこともある。

ふだん浅《あさ》い川《かわ》も、上流《じょうりゅう》のほうで雨《あめ》が降《ふ》っていたり、貯水池《ちょすいち》から放水《ほうすい》したりして、急《きゅう》に増水《ぞうすい》することがある。

安全《あんぜん》な川《かわ》は、ないんだ。貯水池《ちょすいち》や用水路《ようすいろ》など、深《ふか》さがわかりにくい池《いけ》もある。ランドセルをしょったままのぞきこんで、荷物《にもつ》を落《お》としたり、ランドセルの重《おも》みで池《いけ》に落《お》ちてしまうこともあるから、気《き》をつけて！

もし、水中《すいちゅう》になにか物《もの》を落《お》としてしまっても、絶対《ぜったい》に自分《じぶん》で拾《ひろ》おうとしないこと。周囲《しゅうい》の大人《おとな》たちに助《たす》けを求《もと》めよう。

えんぴつしんちゃん① ～もしもしんのすけが小学生《しょうがくせい》だったら～

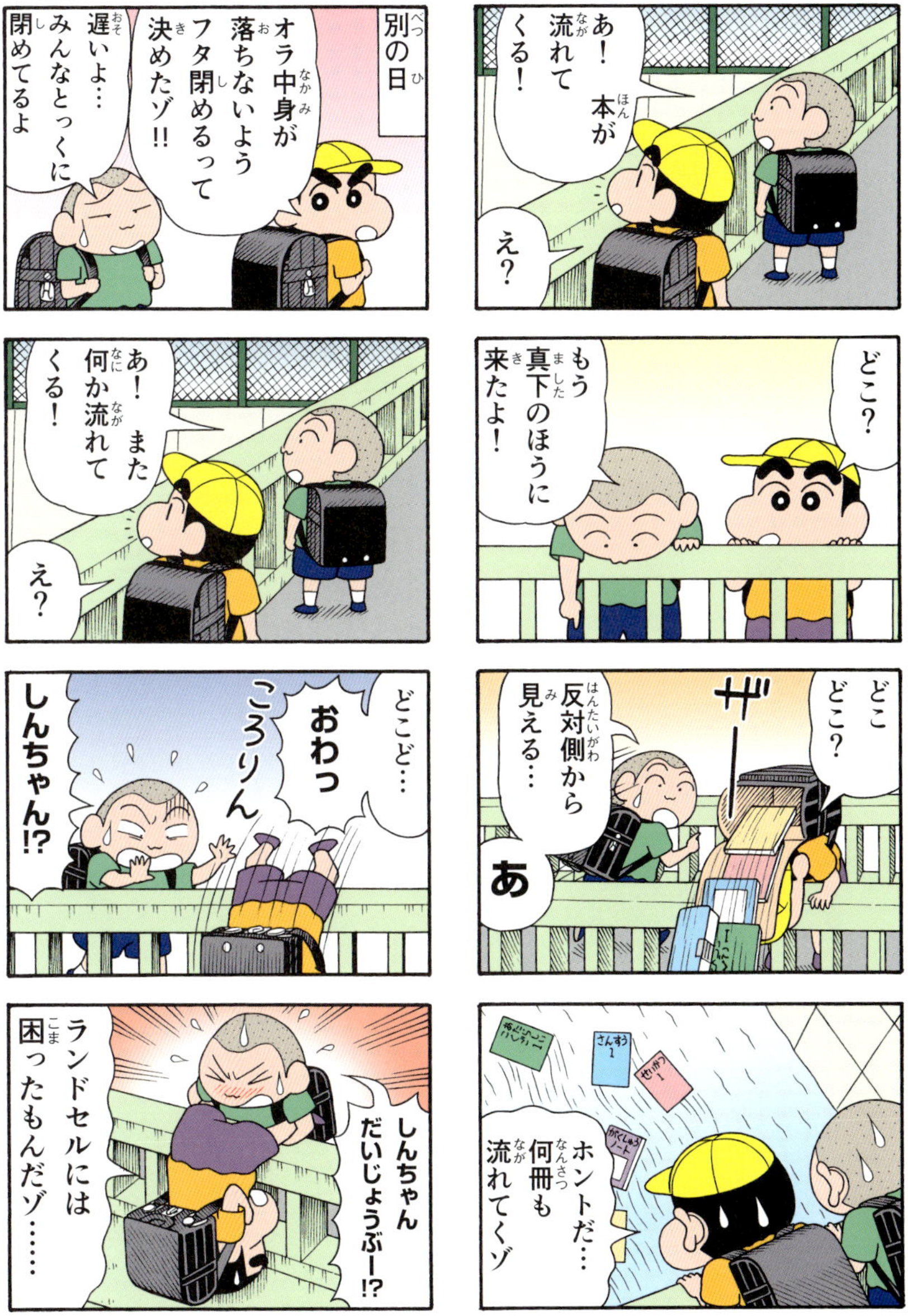

あ！　本《ほん》が流《なが》れてくる！
え？
どこ？
もう真下《ました》のほうに来《き》たよ！
どこどこ？
ザー
反対側《はんたいがわ》から見《み》える…
あ
ホントだ…何冊《なんさつ》も流《なが》れてくゾ
さんすう 1
せいかつ 1
別《べつ》の日《ひ》
オラ中身《なかみ》が落《お》ちないようフタ閉《し》めるって決《き》めたゾ!!
遅《おそ》いよ…みんなとっくに閉《し》めてるよ
あ！　また何《なに》か流《なが》れてくる！
え？
どこど…
おわっ
ころりん
しんちゃん!?
しんちゃんだいじょうぶー!?
ランドセルには困《こま》ったもんだゾ……

27

雷《かみなり》が鳴《な》り始《はじ》めた！どこに逃《に》げたら一番安全《いちばんあんぜん》？

空《そら》のどこかで「ゴロゴロ」と鳴《な》ったら、できるだけ早《はや》く、建物《たてもの》の中《なか》に逃《に》げよう。ピカッと光《ひか》るまで時間《じかん》があっても、いきなり近《ちか》くに落《お》ちることがある。グラウンドなどの広《ひろ》い場所《ばしょ》は危険《きけん》。プールからもすぐに出《で》よう。

　雷《かみなり》は、周《まわ》りより高《たか》い物《もの》、電気《でんき》を通《とお》しやすい物《もの》に落《お》ちる。高《たか》い木《き》に落《お》ちた後《あと》、そばに人《ひと》がいれば、木《き》よりも電気《でんき》を通《とお》しやすい人《ひと》に伝《つた》わって落《お》ちる。木《き》の下《した》での雨宿《あまやど》りは絶対《ぜったい》にやめよう。車《くるま》の中《なか》や電車《でんしゃ》の中《なか》なら安全《あんぜん》だよ。

　建物《たてもの》の中《なか》に逃《に》げられないときは、耳《みみ》をふさぎ、できるだけ姿勢《しせい》を低《ひく》くしてしゃがむ。髪《かみ》にさしたピンなど、金属《きんぞく》を身《み》に着《つ》けていても特別《とくべつ》な危険《きけん》はない。かさやつりざおは手《て》に持《も》たず、はなれた場所《ばしょ》にねかせておこう。

　雷《かみなり》がおさまって20分《ぷん》以上《いじょう》たってから遊《あそ》びに行《い》こう。

逃《に》げ場《ば》なし

おお…! 雷《かみなり》だ…!!
逃《に》げよう よ〜!
ゴロゴロ…
ピカッ
ふって きた!
ポツ ポツ…
みんな早《はや》く オラん家《ち》に!!
しんのすけ!! また 口紅《くちべに》で遊《あそ》んだでしょ
ゴロ ゴロ…
おおっ!?
ごめんくさい ……
ピカッ
家《いえ》の中《なか》も 雷《かみなり》だね…

危《き》機《き》一髪《いっぱつ》

ザー
ゴロゴロゴロ…
ドドーン
雷《かみなり》 近《ちか》いゾ
これじゃ 帰《かえ》れない よ〜!!
マサオ! しんちゃん 乗《の》りなさい
ママ!! よかったー
ドドーン
近《ちか》くに 落《お》ちたわ ねぇ〜
うお〜
次《つぎ》の日《ひ》
昨日《きのう》 雨《あま》やどり した木《き》 だゾ…
ひいい 〜っ

夜《よる》には危険《きけん》がいっぱい 塾《じゅく》からの暗《くら》い帰《かえ》り道《みち》はどうする？

暗《くら》くなったら家《いえ》に帰《かえ》ろう。

暗《くら》くなってからコンビニに買《か》い物《もの》に出《で》たりしない。夜《よる》に慣《な》れて暗《くら》くなってから出《で》かけることに平気《へいき》になると、犯《はん》罪《ざい》に巻《ま》き込《こ》まれる危険《きけん》がふえる。

塾《じゅく》や習《なら》い事《ごと》で夜間《やかん》に外《そと》にいるのは例《れい》外《がい》なんだ。できれば家《いえ》の人《ひと》に迎《むか》えに来《き》てもらう。むずかしい場合《ばあい》は、決《き》まった乗《の》り物《もの》に乗《の》り、寄《よ》り道《みち》せず帰《かえ》ろう。手《て》に防犯《ぼうはん》ブザーを持《も》って、いつでも使《つか》えるようにして歩《ある》こう。

さびしいからと言《い》って、音楽《おんがく》プレイヤーで音楽《おんがく》をきいたり、携帯《けいたい》ゲームをしたりしながら歩《ある》くのは絶対《ぜったい》にダメ。周《まわ》りに注意《ちゅうい》しながら、早歩《はやある》きで帰《かえ》ろう。

夜道《よみち》は交通事故《こうつうじこ》にも注意《ちゅうい》。夜《よる》でも目《め》立《だ》つ白《しろ》っぽい色《いろ》の服《ふく》を着《き》て、かばんにも反射材《はんしゃざい》をつけるようにしよう。

「夜《よる》はこわい」と、用心《ようじん》する気持《きも》ちを忘《わす》れないことが大事《だいじ》だよ。

夜《よる》の町《まち》

ママ遅《おそ》いな～
もう帰《かえ》っちゃお！
途中《とちゅう》で会《あ》えるだろう
夜《よる》の町《まち》ってちょっとこわいな…
こわさを紛《まぎ》らわすため歌《うた》うことにする
呼《よ》べば必《かなら》ず現《あらわ》れるぅ～正義《せいぎ》のヒ～ロ～…♪
↖つづく

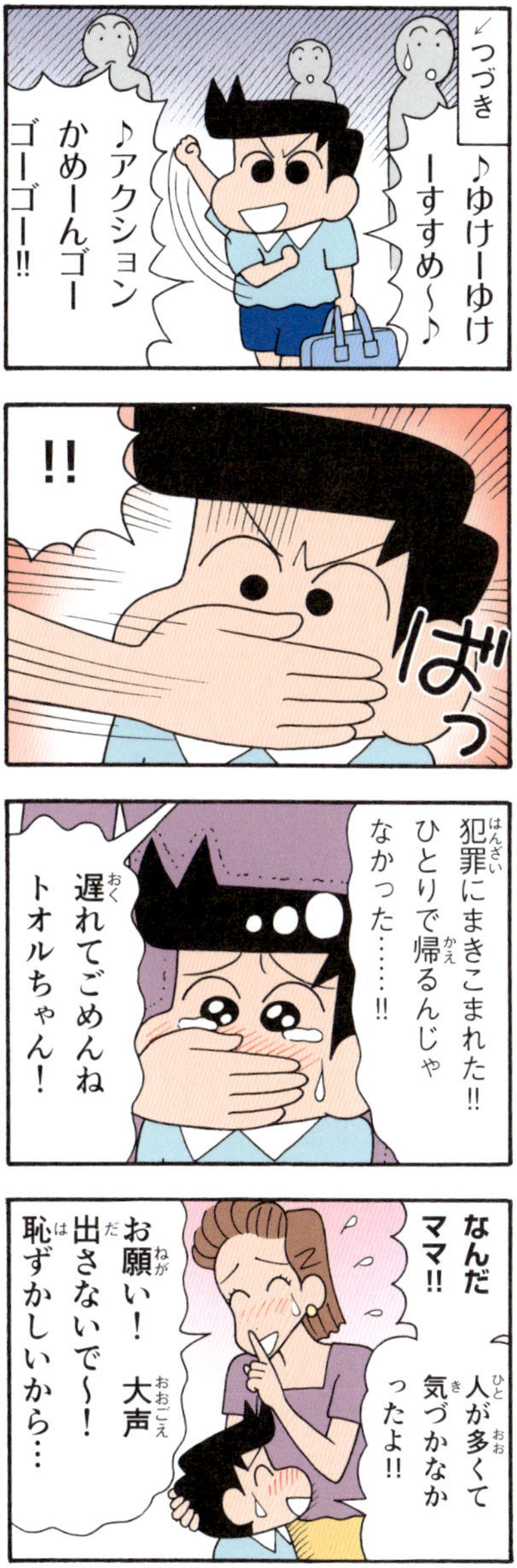
↙つづき
♪ゆけーゆけーすすめ～♪
♪アクションかめーんゴーゴーゴー!!
!!
ばっ
犯罪《はんざい》にまきこまれた!!ひとりで帰《かえ》るんじゃなかった……!!
遅《おく》れてごめんねトオルちゃん！
なんだママ!!
人《ひと》が多《おお》くて気《き》づかなかったよ!!
お願《ねが》い！ 大声《おおごえ》出《だ》さないで～！ 恥《は》ずかしいから…

夏《なつ》の強《つよ》い陽《ひ》ざしは命《いのち》にかかわることもある！

「熱中症《ねっちゅうしょう》」って知《し》っているかな？熱《あつ》さのために、体温《たいおん》をコントロールできなくなる病気《びょうき》なんだ。

暑《あつ》いところにいて気持《きも》ちが悪《わる》くなったり、頭《あたま》が痛《いた》くなったりしたら、がまんしちゃいけない。早《はや》めにクーラーのある部屋《へや》に行《い》って休《やす》むようにしよう。

暑《あつ》い日《ひ》は、のどがかわかないうちに、こまめに水分《すいぶん》を補給《ほきゅう》しよう。ぼうしをかぶって直射日光《ちょくしゃにっこう》をさけよう。

子《こ》どもは背《せ》が低《ひく》いために、大人《おとな》よりも地表《ちひょう》からの熱《ねつ》を受《う》けている。それに、遊《あそ》ぶのに夢中《むちゅう》で、熱中症《ねっちゅうしょう》のサインにも気《き》づきにくいんだ。

ふらっとする、顔《かお》がほてるなど、いつもと違《ちが》う感《かん》じがしたら、危険《きけん》だよ！すぐにすずしい場所《ばしょ》へ移動《いどう》しよう。

夏《なつ》の暑《あつ》さ、お日《ひ》さまの光《ひかり》は、恵《めぐ》みだけでなく、害《がい》もある。熱中症《ねっちゅうしょう》は命《いのち》にかかわるこわい病気《びょうき》なんだ。

まちがった修行《しゅぎょう》

ギラッ
あづっ
!!
しかし! この暑《あつ》さにたえてこそ強《つよ》い男《おとこ》になれるのだゾ!!
ど根性《こんじょー》!
30分後《ぷんご》
フラフラ～
ななこお姉《ねえ》さんがたくさん見《み》える～
あは～
おバカ!!
熱中症《ねっちゅうしょう》は根性《こんじょう》では防《ふせ》げないのよ!!
パタパタ
ヒヤロン

熱中症《ねっちゅうしょう》を防《ふせ》ごう

熱中症《ねっちゅうしょう》はこわいのよ!
直射日光《ちょくしゃにっこう》をさける!
水分《すいぶん》もとる!
ほーい
しんちゃん虫《むし》とりに行《い》こー!
行《い》く行《い》くー!!
で よく見《み》たら それゴキブリでさー
おおー!!
ずるいよしんちゃんボクの日《ひ》かげばっか歩《ある》いて!
……ネッチョーシューがこわくて……

30

散《さん》歩《ぽ》中《ちゅう》のよその犬《いぬ》なでてあげていい？

犬《いぬ》はかわいいけど、すべての犬《いぬ》が人《ひと》なつっこいわけじゃない。知《し》らない人《ひと》に対《たい》しては警戒《けいかい》している犬《いぬ》もいる。**きみのことを知《し》らない、散歩中《さんぽちゅう》のよその犬《いぬ》にはかまわない**ことが原則《げんそく》だよ。

とくに、吠《ほ》えている犬《いぬ》には、絶対《ぜったい》に近《ちか》づかないこと。生《い》き物《もの》は、自分《じぶん》を守《まも》るために人《ひと》に危害《きがい》を及《およ》ぼすことがある。むやみに手《て》を出《だ》さないようにしよう。

マムシやスズメバチなど、毒《どく》を持《も》ったこわい生《い》き物《もの》もいるけれど、近《ちか》づいたり、人《ひと》がかまったりしなければ、自《じ》分《ぶん》からは襲《おそ》ってこないことが多《おお》い。危《き》険《けん》な生《い》き物《もの》を見《み》つけたら、手《て》を出《だ》さず、そっとしておこう。

危険《きけん》な生《い》き物《もの》を見《み》つけた場所《ばしょ》を、大人《おとな》に知《し》らせよう。

万《まん》が一《いち》、動物《どうぶつ》にかまれてケガをした場合《ばあい》は、すぐに医療機関《いりょうきかん》で手当《てあ》てを受《う》けよう。

さわっちゃダメだよ

おかいどくべんとう
きゃ〜っ かわいい ♪
だいじょうぶよ!
さわっちゃダメだよ ネネちゃん
プルプル…
カプッ
あいたっ!!
つづく
行《い》こう! こっちが悪《わる》いんだから!!
こいつよくもかんだな〜
プルプル
ズルズル
つづき
あー痛《いた》かった 血《ち》は出《で》てないけど
飼《か》い主《ぬし》が見《み》てなくてよかったよ
人《ひと》をかんだ犬《いぬ》は殺処分《さつしょぶん》されることもあるからね
サツショブンって何《なに》?
ころされちゃうってこと!
え……
しょうがないから今後《こんご》はシロでガマンするわ!
ネネちゃん なにげに失礼《しつれい》だゾ?

家《いえ》に誰《だれ》もいなくても「ただいま！」と言《い》って入《はい》ろう

誰《だれ》もいない家《いえ》に帰《かえ》るとき。家《いえ》の近《ちか》くに来《き》たら、あやしい人《ひと》がいないか、一《いち》度《ど》振《ふ》り向《む》いて確認《かくにん》しよう。

玄関《げんかん》の前《まえ》ですばやくカギを出《だ》し、カギを開《あ》けたら、誰《だれ》もいなくても「ただいまー！」と、大《おお》きな声《こえ》で言《い》ってから入《はい》ろう。

万《まん》が一《いち》、あやしい人《ひと》がついてきていても、「家《いえ》に誰《だれ》かがいそうだ」というだけで、犯行《はんこう》をあきらめるものなんだ。

オートロックのマンションのドアは、住《す》んでいる人《ひと》が入《はい》ったあとから、誰《だれ》でも入《はい》れてしまう。後《うし》ろから知《し》らない人《ひと》がついてきていないか、気《き》をつけて中《なか》に入《はい》ろう。

管理人《かんりにん》さんに「ただいま！」とあいさつするようにしておけば、あやしい人《ひと》がいないか注意《ちゅうい》してくれるよ。

家《いえ》に入《はい》ったら、すぐカギをかけ、チェーンもちゃんとかけておこう。

あやしい人《ひと》①

キョロ
キョロ
ママ昼間《ひるま》いないから気《き》をつけてね!
さっ
ガチャッ
ボ〜……
ハッ
!?
カザマく〜ん あそぼ〜
ふつうに誘《さそ》えよ!!
こわいな〜!!

あやしい人《ひと》②

キョロ
キョロ
今日《きょう》もママ遅《おそ》いって言《い》ってたな……
さっ
ガチャッ
ただいま——!!
おかえり——!
うわあああ〜!!びっくりしたあ!!
一時《いちじ》帰《き》国《こく》したパパ←
そんなに驚《おどろ》く?

カギを落《お》とした！ 家《いえ》に入《はい》れない!! そんなときどうする？

学校《がっこう》から帰《かえ》ってきたら、カギがない！ カギを落《お》とした⁉ 家《いえ》の人《ひと》が誰《だれ》もいない。

そんなときは、まず落《お》ち着《つ》こう。**無《む》理《り》やり家《いえ》に入《はい》ろうとするのはダメ。**ケガをする危険《きけん》があるし、泥棒《どろぼう》のまねのようなことをしてはいけないよ。

キッズ携帯《けいたい》など、家《いえ》の人《ひと》に連絡《れんらく》する手《て》だてがないときは、よく知《し》っている近所《きんじょ》の家《いえ》や、友《とも》だちの家《いえ》、児童館《じどうかん》などへ行《い》き、電話《でんわ》を借《か》りて、家《いえ》の人《ひと》に連絡《れんらく》をしよう。**家《いえ》の人《ひと》の携帯電話番号《けいたいでんわばんごう》は覚《おぼ》えておこう。**

家《いえ》まで来《き》てカギがなかったときにはどうするか、ふだんからおうちの人《ひと》と相談《そうだん》して決《き》めておこう。

カギは、おうちの人《ひと》がきみのことを信頼《しんらい》してあずけてくれるもの。なくさないようにしっかり管理《かんり》しよう。

「カギはどこ？」

たたた‥
ただいマッチョマ〜ン！ムキムキ〜
しんちゃん！ママ出《で》かけてるよ！
となりのおばさん→
カギはある？
あそ
だいじょうぶですう
あらっシロもいない
カギはいつもシロの毛《け》の中《なか》
またひとりで散歩《さんぽ》だな？シロにも困《こま》ったもんだ
おうっ!! 窓《まど》も閉《し》まってる……
ガ〜〜ン
ぼ〜ぜん…
……
ん〜ウンコしたい〜!!
ん〜〜！
モリモリ
このへんにすればシロのだと思《おも》われるだろう
ぐうう〜〜
ウンコ出《だ》したらおなかへっちゃった……出《だ》すんじゃなかった
さっさとシロ探《さが》しに行《い》こーっと！
※メグちゃんとこかも！

※シロのガールフレンド

←つづく

やっぱりここか!!
ナンパな犬《いぬ》め……
誰《だれ》に似《に》たんだか!
もちろん
かい主《ぬし》に似《に》た
←
シロ!!
アン!
ばっさ
ばっさ
あれ~
なんでカギが
出《で》てこないの?
ぐううくうう
きゅるるるる
も~おなかがへり
すぎて動《うご》けない……
思《おも》えば短《みじか》い
人生《じんせい》だったゾ
……
しんちゃん!!
どうしたの!?
おかげで生《い》き
返《かえ》りましたあ♪
バリ
ボリ
バリ…
そんなにおなか
へってたのね~
そーだ
ママのスマホに
うちの電話《でんわ》から
かけてみたら?
おお!!

あれ？ 母《かあ》ちゃんの番号《ばんごう》なんだっけ？ 家《いえ》のはわかるけど
?
じゃあ ママが帰《かえ》るまでうちにいなさい
2時間後《じかんご》
すみませ〜ん!! うちの子《こ》がお世話《せわ》になりまして
イエイエ〜!! たいしたお世話《せわ》もしてませんから…
そーそー! おせんべと牛乳《ぎゅうにゅう》しかもらっへ《て》ら《な》い《い》ひ《し》
ぎゅ〜
コラ!!
ママの番号《ばんごう》教《おし》えたでしょ!?
忘《わす》れちゃった
後《あと》でまた復習《ふくしゅう》ね!
次《つぎ》の日《ひ》
ずいぶんりっぱなウンコねぇ……人《ひと》のみたい
ザッ ザッ
このカギ庭《にわ》にあったウンコの下《した》にあったよ
えぇっ なんで!?
昨日《きのう》の朝《あさ》のこと……
ブルブルブルブルッ
チャリーン
こういうわけだった
「運《うん》」のついたカギはそれから二度《にど》となくなることはなかったという

33

るすばん中《ちゅう》にチャイムが鳴《な》った！どうしたらいい？

るすばんのときは、チャイムが鳴《な》っても出《で》ないようにしよう。知《し》っている人《ひと》が訪《たず》ねて来《き》ても、約束《やくそく》していないのなら、知《し》らんぷりでいい。インターホンに出《で》るなら「今《いま》、お母《かあ》さんが手《て》を放《はな》せないので出《で》られません」と言《い》っておく。

今《いま》、子《こ》どもだけなのか、大人《おとな》もいるかもしれないのか、どちらかわからないようにしておくことが大事《だいじ》。

電話《でんわ》にも出《で》ない。電話機《でんわき》の機能《きのう》を使《つか》って、るすばん電話《でんわ》にしておき、出《で》るのは家族《かぞく》からの電話《でんわ》だけにしよう。

どうしても受《う》け取《と》らなければいけない宅配便《たくはいびん》があるときは、インターホンのカメラから宅配便《たくはいびん》の人《ひと》かどうか確認《かくにん》してから、ドアチェーンをかけたまま伝票《でんぴょう》にはんこを押《お》して対応《たいおう》しよう。

大《おお》きな荷物《にもつ》は、玄関《げんかん》の外《そと》に置《お》いてもらうようにしよう。

開《あ》けちゃダメ

ピンポーン
どちら様《さま》ですか？
その声《こえ》はしんのすけ!? むさえ姉《ねえ》ちゃんばい！
誰《だれ》だっけ？
えぇっ!? 忘《わす》れちゃった!? みさえの妹《いもうと》の!!
わかんないけどじゃ窓《まど》から入《はい》れば？ お庭《にわ》に回《まわ》って
なんだそりゃ
知《し》らない人《ひと》なら窓《まど》も開《あ》けちゃダメなんだぞ！
そうなの？
今《いま》はいいけど…

気《き》づかい

ピンポーン
あ
いいやいるす使《つか》お
ばっ
おおっいた！
ええ——っ!?
何《なに》してんの？
見《み》りゃわかんだろ!!
ウンコだよ!!
玄関《げんかん》開《あ》いてたから教《おし》えてあげたんだゾ
ありがとよ……！

34

安全《あんぜん》な自分《じぶん》の家《いえ》でも高《たか》い場所《ばしょ》ってこわいんだ！

高《たか》い場所《ばしょ》で遊《あそ》んでいる小学生《しょうがくせい》が、うっかり転落《てんらく》してしまう事故《じこ》が多《おお》い。学校《がっこう》の窓《まど》わくにすわっていて、あやまって転落《てんらく》したり、マンションの屋上《おくじょう》で遊《あそ》んでいて、夢中《むちゅう》になって高《たか》いところにいることを忘《わす》れて転落《てんらく》したり。好奇心《こうきしん》で身《み》を乗《の》り出《だ》して、思《おも》いがけない事故《じこ》になることもある。

高《たか》い場所《ばしょ》に登《のぼ》って下《した》をながめたら、絶対安全《ぜったいあんぜん》だとわかっていても、こわい。

でも、高《たか》いところをこわがれることは、自分《じぶん》の命《いのち》を守《まも》るために絶対《ぜったい》に必要《ひつよう》な感覚《かんかく》なんだ。高《たか》いところをこわいと思《おも》わないことは、逆《ぎゃく》にとっても危険《きけん》。

　こわくないからといって、マンションの窓《まど》から身《み》を乗《の》り出《だ》したり、ベランダでふざけたりするのはやめよう！

　ふだんから、ジャングルジムなどで遊《あそ》んで、高《たか》いところのこわさを覚《おぼ》えておこう。

ベランダに注意《ちゅうい》

あ〜あ…たまには自分《じぶん》で干《ほ》して〜
ほ〜い
せえ〜の〜…
ばさっ
キャ〜〜ッ!!
あそ
ゴメンよ〜 あんたには早《はや》かった!!

高層《こうそう》マンション

カザマ家《け》
ポン
ポン
ポーーン
あっ!?
ウチってこんなに高《たか》かったんだ……
ポイ〜〜…ン
ゾ〜〜…
ベランダでのボール遊《あそ》びは絶対《ぜったい》にダメ!!

35

おぼれることだってある おふろでは、遊《あそ》ばない！

おふろで水泳《すいえい》の練習《れんしゅう》をしたり、水《みず》をかけあってきょうだいで遊《あそ》んだりして、怒《おこ》られたことはないかな？

おふろは楽《たの》しく入《はい》りたい。でも、おふろってけっこう危険《きけん》な場所《ばしょ》なんだ。

とくに幼児《ようじ》は、おふろにほんの少《すこ》ししかお湯《ゆ》がたまっていなくても、おぼれてしまう危険《きけん》がある。

小学生《しょうがくせい》だって、注意《ちゅうい》が必要《ひつよう》。

おふろではふざけすぎない。もぐったり、泳《およ》ぐ練習《れんしゅう》をしたりしないこと。浴《よく》そうがせまくて身動《みうご》きがとれなくなり、パニックになることもある。

せっけんですべって転《ころ》んだり、熱《あつ》いお湯《ゆ》が出《で》てやけどしたりの危険《きけん》もある。

そうじ用《よう》の洗剤《せんざい》や、かみそりなど、取《と》り扱《あつか》いに気《き》をつけなければならないものが置《お》いてあることも。

おふろは、注意《ちゅうい》が必要《ひつよう》な場所《ばしょ》。ふざけすぎには気《き》をつけて。

おふろはこわいゾ

ママ髪洗《かみあら》うから
ひまがおぼれないよう
見《み》ててね　しんちゃん
ほいっ
ほ〜れ水鉄砲《みずでっぽう》だゾ〜!
ピュッ
ピュッ
キャ〜〜ッ
お?
くるっ
パシャ
おお!・・・シンロクナイズドだな!!
パチャ
つづく
つづき
ゴボゴボ…
!?
だいじょうぶ!? ひま
くるっ
ゲホゲホゲホゲホッ
うぎゃあああ〜〜っ
がばっ
どうしたの!?
はあ〜 助《たす》かってよかった〜!!
おふろがそんなにこわいなんて知《し》らなかったゾ……!

注意《ちゅうい》しながら料理《りょうり》することは危険《きけん》から身《み》を守《まも》るために役立《やくだ》つ

料理《りょうり》は楽《たの》しいけれど、気《き》をつけなければならないことがいっぱいある。

ガスコンロで火《ひ》を使《つか》うときは、火《ひ》がついているか、消《け》したらきちんと消《き》えたか、火元《ひもと》を確認《かくにん》しながら調理《ちょうり》する。熱《あつ》くなったなべでのやけどに注意《ちゅうい》。包丁《ほうちょう》はこわいけれど、力《ちから》のない子《こ》どもなら傷《きず》は小《ちい》さいことが多《おお》い。皮《かわ》むきをするピーラーやスライサー、開《あ》けて切《き》り取《と》った缶詰《かんづめ》のふたで、うっかり手《て》を切《き》りやすいから気《き》をつけよう。

料理《りょうり》は、五感《ごかん》をフルに使《つか》う頭脳《ずのう》プレー。目《め》で見《み》て、手《て》でさわって素材《そざい》を確認《かくにん》。耳《みみ》でなべの音《おと》を聞《き》く。舌《した》で味《あじ》をみる。臭《にお》いでガス漏《も》れや傷《いた》んでいる物《もの》を察知《さっち》する。料理《りょうり》は、自分《じぶん》を危険《きけん》から守《まも》るための絶好《ぜっこう》のレッスンなんだ！

あまりこわがらないで、ふだんから家《いえ》の人《ひと》といっしょに、包丁《ほうちょう》やコンロを使《つか》って料理《りょうり》をしてみよう。

えんぴつしんちゃん②

～もしもしんのすけが小学生《しょうがくせい》だったら～

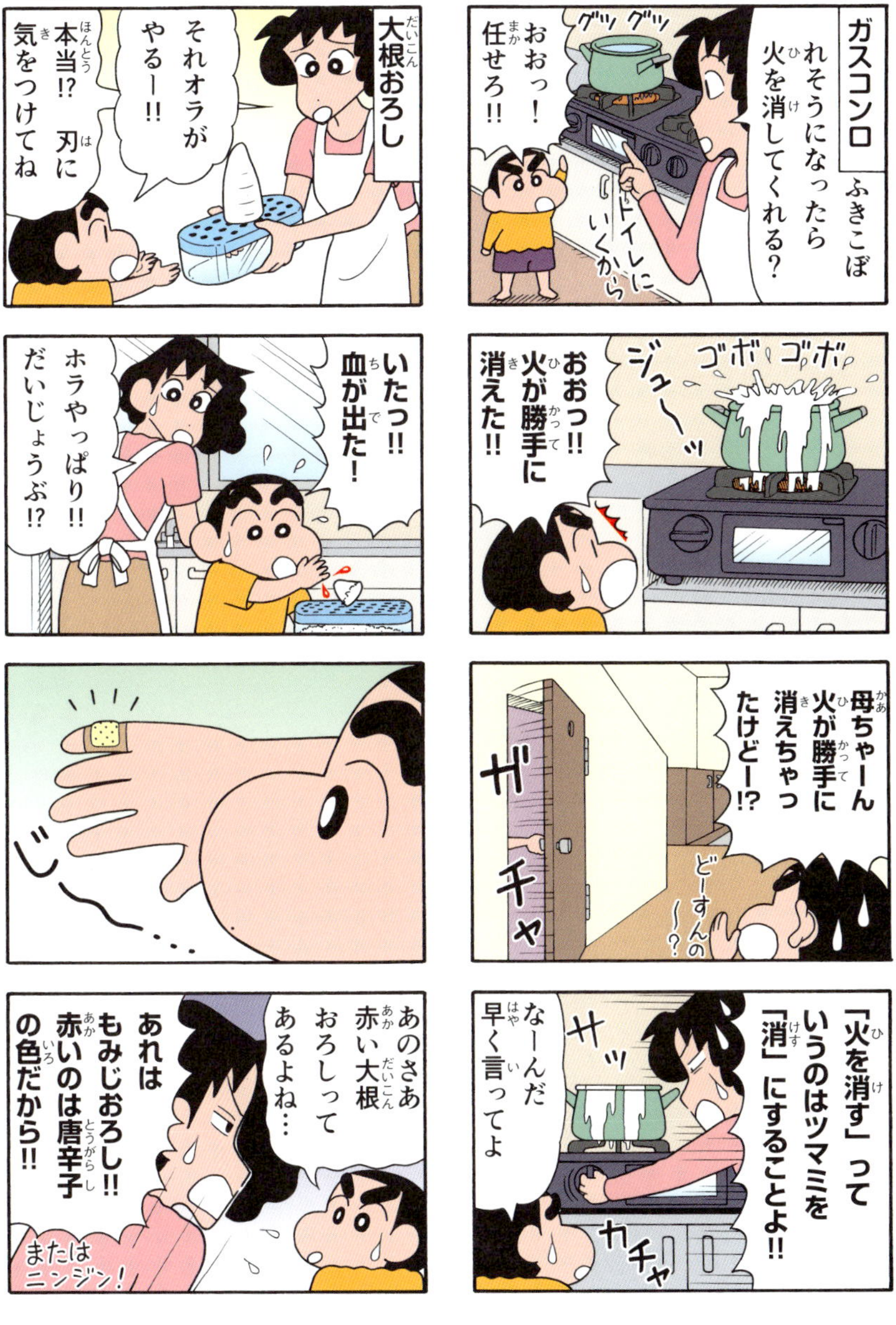
ガスコンロ
ふきこぼれそうになったら火《ひ》を消《け》してくれる？
トイレにいくから
グツグツ
おおっ！任《まか》せろ!!
ゴボゴボ
ジュ～ッ
おおっ!! 火《ひ》が勝手《かって》に消《き》えた!!
母《かあ》ちゃーん火《ひ》が勝手《かって》に消《き》えちゃったけどー!?
ガチャ
どーすんの～？
「火《ひ》を消《け》す」っていうのはツマミを「消《けす》」にすることよ!!
サッ
カチャ
なーんだ早《はや》く言《い》ってよ
大根《だいこん》おろし
それオラがやるー!!
本当《ほんとう》!? 刃《は》に気《き》をつけてね
いたっ!! 血《ち》が出《で》た！
ホラやっぱり!! だいじょうぶ!?
じ～…
あのさあ赤《あか》い大根《だいこん》おろしってあるよね…
あれはもみじおろし!! 赤《あか》いのは唐辛子《とうがらし》の色《いろ》だから!!
またはニンジン！

37

火《ひ》遊《あそ》びは絶対《ぜったい》にしない 火《ひ》はあっという間《ま》に広《ひろ》がるんだ

「小《ちい》さな火《ひ》なんて、自分《じぶん》で消《け》せるよ」と、ちょっとしたいたずら心《ごころ》でつけた火《ひ》は、こわい！　あっという間《ま》に大《おお》きくなる‼

外《そと》ならだいじょうぶ？　とんでもない‼　風《かぜ》が吹《ふ》けば、一瞬《いっしゅん》で、一面《いちめん》に燃《も》え広《ひろ》がってしまうんだ。

火《ひ》が燃《も》え広《ひろ》がったら、自分《じぶん》たちで消《け》そうとしてはいけない。**すぐに逃《に》げて大人《おとな》に知《し》らせる**！

万《まん》が一《いち》、自分《じぶん》の体《からだ》に燃《も》え移《うつ》ってしまったら、地面《じめん》にごろごろと転《ころ》がって火《ひ》を消《け》そう。走《はし》り回《まわ》るとよけい火《ひ》が大《おお》きくなってしまう。

小学生《しょうがくせい》の火遊《ひあそ》びがもとで、人《ひと》の命《いのち》をうばう大《おお》きな火事《かじ》も起《お》きている。**火《ひ》は子《こ》どもの手《て》には負《お》えない。遊《あそ》びに使《つか》ってはいけないもの**なんだ。

火遊《ひあそ》びは、絶対《ぜったい》にしないこと。花火《はなび》も必《かなら》ず大人《おとな》といっしょにやろう。

火遊《ひあそ》び

いい物拾《ものひろ》っちゃった! 空《あ》き地《ち》でたき火《び》しよーぜ
ライター
あーッ!! いけないいんだケンちゃん不良《ふりょう》~!!
ダメだよ ボクやらないからね!
ハイハイわかったわかった
さて何《なに》か燃《も》える物《もの》は…
20分後《ぷんご》
チラシが見《み》つかってよかったねー
やすし実《じつ》は楽《たの》しんでるだろ
絶対《ぜったい》にいけないよ!!
わっ下草《したくさ》に燃《も》え移《うつ》った
うわっ火事《かじ》だ
パチパチ
↖つづく
↙つづき
オシッコ消防隊《しょうぼうたい》!!
あせって出《で》ないよ~
!
カスカベマート
ジョ~~
どぼぼぼぼ…
ジュ~~…
えっ!?
もう少《すこ》しで大火事《おおかじ》になるとこだ!!
火《ひ》はこわいんだぞ!!
わ~んごめんなさ~い!!
ずいぶん遅《おそ》かったのね
二度《にど》もコンビニ行《い》ったからな
しんのすけ絶対《ぜったい》火遊《ひあそ》びするんじゃねーぞ!!
?
ほい

こわい、やりたくない遊《あそ》びは はっきり「イヤだよ！」と断《ことわ》ろう

友《とも》だちと遊《あそ》んでいるとき、誰《だれ》かが、危険《きけん》なことをしようと誘《さそ》ってくることがある。

高《たか》いところに登《のぼ》って飛《と》び降《お》りてみようとか、走《はし》ってくる車《くるま》の前《まえ》に飛《と》び出《だ》せるか度胸《どきょう》だめしをしよう、など。

はっきりと、「ぼくはやらないよ」と断《ことわ》ろう。きみがはっきりと断《ことわ》れば、きっと、他《ほか》のみんなもホッとする。

「ビビリ」なんて言《い》われても、気《き》にしない。いやなことをはっきり断《ことわ》る人《ひと》のほうが、勇気《ゆうき》があるんだ。

タバコやお酒《さけ》を試《ため》してみよう、と言《い》われたときも、はっきりと断《ことわ》ろう。

もちろん法律違反《ほうりついはん》だし、急性《きゅうせい》アルコール中毒《ちゅうどく》など、命《いのち》にかかわる危険《きけん》だってある。

遊《あそ》び半分《はんぶん》で危険《きけん》に近《ちか》づくことはやめよう！ はっきり断《ことわ》る強《つよ》さを持《も》とう。

これも**自分《じぶん》の命《いのち》を守《まも》るためなんだ。**

いただきます

ちょっとノド かわいたな～
あっ じゃあ これ飲《の》めば
ほい！
ダメだよしんちゃん 何《なに》持《も》って来《き》てんの!?
ワイン
じゃあ オラが 飲《の》も
子《こ》どもがお酒《さけ》飲《の》んじゃダメなんだってばー!!
中身《なかみ》は 麦茶《むぎちゃ》だゾ これしか 入《い》れる物《もの》 なくて…
ぱっ
なんだ早《はや》く 言《い》ってよ!!
ワイン

流《なが》されない勇気《ゆうき》

おまえから いけよ…
いや おまえ から…
何《なに》してんの？ オラも入《い》れて～
道路《どうろ》に出《で》て 車《くるま》を止《と》める ゲームで勇気《ゆうき》 を試《ため》すんだ！
え～やだ～ やっぱ やめとく……
おまえこわいん だろ～!?
うん こわいゾ
ダッセエ
ダサいのは いいけど 危険《きけん》なのは やだ
じゃ
え…… じゃおれも やめよう かな……
ええっ!? なんだよ!! じゃあおれも
……

「金貸《かねか》して」「弁償《べんしょう》しろ」と言《い》われたら!?

繁華街《はんかがい》の裏通《うらどお》りや、ゲームセンターなどには、子《こ》どもたちだけで行《い》かないようにしよう。お金《かね》を取《と》られたりする危険《きけん》が多《おお》い場所《ばしょ》なんだ。

顔見知《かおみし》りのやさしいお兄《にい》さんでも、こうした場所《ばしょ》ではこわい態度《たいど》で接《せっ》してくることがあるから気《き》をつけよう。

知《し》らない上級生《じょうきゅうせい》が、「ちょっと金貸《かねか》して」と言《い》ってくることもある。これは、「カツアゲ」「恐喝《きょうかつ》」という、立場《たちば》の弱《よわ》い人《ひと》からお金《かね》をむりやりだまし取《と》る犯罪行為《はんざいこうい》。

その場《ば》からなんとかして逃《に》げ出《だ》して、大人《おとな》の人《ひと》や警察《けいさつ》の人《ひと》に話《はな》そう。

わざとぶつかって自分《じぶん》の物《もの》を落《お》とし、「弁償《べんしょう》しろ」と言《い》う悪《わる》い人《ひと》もいる。お金《かね》はなるべく持《も》ち歩《ある》かないこと。

仲《なか》のいい友《とも》だち同士《どうし》でも、「お金貸《かねか》して」「弁償《べんしょう》して」はやってはいけないこと。求《もと》められてもきっぱりと断《ことわ》ろう。

お金《かね》のゆくえ

コンビニ
おにぎり100えん
おいチビ! 金《かね》出《だ》せよ!
さっ
も…持《も》ってないよ…
さっ
ウソつけ!! 何《なに》か買《か》いに来《き》たんだろ?
ジャンプしてみ!
チャリ
チャリ
ぴょん
ぴょん
やっぱ持《も》ってんじゃねーか!!
うわ~~ん!!
四百円《よんひゃくえん》あるぞ
まあまあだな
ヒック ヒック
えぐっ えぐっ
マサオくんが泣《な》いてる!
おお! きっと転《ころ》んだんだ
いたいいたいの風間《かざま》くんのほうへ飛《と》んでけー!!
飛《と》ばすなよ!
こういうときはどうしたの?ってなぐさめるんだろ!
ほうほう
どうしたの?
ぎゃ~ん
そういうときは肩《かた》を抱《だ》くの!!
むなぐらつかむな!!
コンビニ前《まえ》で不良小学生《ふりょうしょうがくせい》に四百円《よんひゃくえん》とられたの
悪《わる》いやつらだな
よーし!!

←つづく

オラたちもマサオくんにお金《かね》もらおう!
ひど~い!! なんで~!!
違《ちが》うだろ!! 防衛隊員《ぼうえいたいいん》同士《どうし》 助《たす》け合《あ》うんだ!!
おお! そうだったマサオくんお助《たす》けするゾ!
なんか頼《たよ》りないなぁ……
あの子《こ》たちだよ
うっ…三人《さんにん》もいる
なんだ? まだ何《なん》か用《よう》か?
オラたちとつきあってください!!
グループ交際《こうさい》申《もう》し込《こ》みに来《き》たんじゃないよ!!
じゃ何《なに》を申《もう》し込《こ》むんだっけ?
けっこん?
何《なに》も申《もう》し込《こ》まなくていいんだよ!!
マ…マサオくんの四百円《よんひゃくえん》を返《かえ》せ!!
へ~! おれたちにそんな口《くち》きくなんて勇気《ゆうき》あんなほめてやるぜ!
でも キザでマザコンなんだぞ!! それでもほめるか!?
おまえはどっちの味方《みかた》なんだよ!?
てゆーかおれらが金《かね》をとった証拠《しょうこ》はあんのか?
そのオニギリのかんちがいかもしんねーぜ?
ええっ!?

でも…じっさい ボクのお金《かね》が なくなってるし ……
ウソだ!! ぬれぎぬ だぞ!!
えん罪《ざい》だ えん罪《ざい》だ!!
うう……
エーンーザイッ!!
エーンーザイッ!!
くっ……
え? 防犯《ぼうはん》カメラの? 警察《けいさつ》が来《く》れば 見《み》せたりするよ
おおっ ホント !?
ねー! あの 映像《えいぞう》見《み》せて くれるって
警察《けいさつ》が 来《く》れば
えっ!?
まずい…
ここでお金《かね》 とられたこと 絶対《ぜったい》映《うつ》ってる よ!!
よし通報《つうほう》 しよう!
ちょっ… ちょっと 待《ま》てよ!!
ホラ返《かえ》すぞ 四百円《よんひゃくえん》!!
チャリーン チャリーン
行《い》こうぜ
!!
でかしたぞ しんのすけ
!!
えっへん
!!
ふたりとも ありがとう
!!
お礼《れい》は アイスで いいよ!
ボクも♪
このお金《かね》は 最初《さいしょ》から なくなる 運命《うんめい》だった のかな……

40

友《とも》だちが胸《むね》やおしりをさわってくる…

同級生《どうきゅうせい》に胸《むね》やまたの部分《ぶぶん》をさわられた。「友《とも》だちだからいいよね」と言《い》われたけど、なんだかイヤな感《かん》じがする。そんなときは、はっきり「やめて」と言《い》うべき。その場《ば》から逃《に》げよう。

自分《じぶん》の体《からだ》の、とくに、胸《むね》やまたなど水着《みずぎ》を着《き》るときに隠《かく》れる部分《ぶぶん》は、体《からだ》の内部《ないぶ》につながっているところもあり敏《びん》感《かん》な部分《ぶぶん》。人《ひと》に見《み》せたりさわらせたりしてはいけない大事《だいじ》なところなんだ。

友《とも》だちはもちろん、家族《かぞく》でも、必要《ひつよう》なとき以外《いがい》、さわったり、見《み》せたりするのはひかえなければいけない場所《ばしょ》。

さわってくるのが、大好《だいす》きな先生《せんせい》や上級生《じょうきゅうせい》でも、「やめてください!」と言《い》って、人《ひと》のいるところに逃《に》げよう。

人《ひと》がいやがっているのに、強引《ごういん》に見《み》たりさわったりすることは暴力《ぼうりょく》と同《おな》じ。

こわくてイヤと言《い》えなかったら、できるだけ早《はや》く家《いえ》の人《ひと》に相談《そうだん》しよう。

大事《だいじ》なところ

は〜め〜
は〜め〜…
は——っ!!
ぎゅむっ
わ〜〜っ!?
やめろよー!!
怒《おこ》るなよ冗談《じょうだん》だろ〜!
カザマくんに何《なに》すんの!!
さわるならオラのをさわんなさい!!
は?
なんだそりゃ
つづく
つづき
たたたた
さあさあさあ!!
来《く》んなよ〜!!変態《へんたい》!!
やめなさい!!
ほい……
水着《みずぎ》で隠《かく》すところは人《ひと》に見《み》せたりさわらせたりしちゃダメよ!
わかった?
は——い
とくにしんちゃん!大人《おとな》が同《おな》じことしたら通報《つうほう》されるわよ!
じゃ今《いま》のうちにいっぱい見《み》せとこ
プリ
プリ
2コマ前《まえ》に戻《もど》る

41 「誰《だれ》にも言《い》うなよ」と ほっぺにキスしてくる人《ひと》がいる!?

放課後《ほうかご》クラブで出会《であ》ったお兄《にい》さん。おもしろいお兄《にい》さんだけど、ほっぺにキスしてくる。変《へん》じゃない？「誰《だれ》にも言《い》うなよ」と言《い》われたけど……。「変《へん》だよね」と思《おも》ったきみは間違《まちが》っていない。

手《て》をつないだりほっぺにキスしたりしていいのは、家族《かぞく》のように、ほんとうに親《した》しい人《ひと》だけなんだ。

「誰《だれ》にも言《い》うなよ」はおどしの言葉《ことば》。したがう必要《ひつよう》なんてない。そんなことを言《い》うなんて、よけい変《へん》なんだ。すぐに、家《いえ》の人《ひと》に話《はな》そう。

きみは何《なに》も悪《わる》くないよ。

どうしても話《はな》せる人《ひと》がいないときには、電話相談室《でんわそうだんしつ》にかけて話《はな》すこともできる。秘密《ひみつ》は守《まも》ってくれるから安心《あんしん》してかけてみよう。

イヤな気持《きも》ちは信頼《しんらい》できる人《ひと》に話《はな》すことで消《け》すことができるよ。

24時間子供SOSダイヤル 0120-0-78310

チャイルドライン（18歳までの子どもがかける電話　毎日午後4時～午後9時）0120-99-7777

カザマくんと家庭教師《かていきょうし》

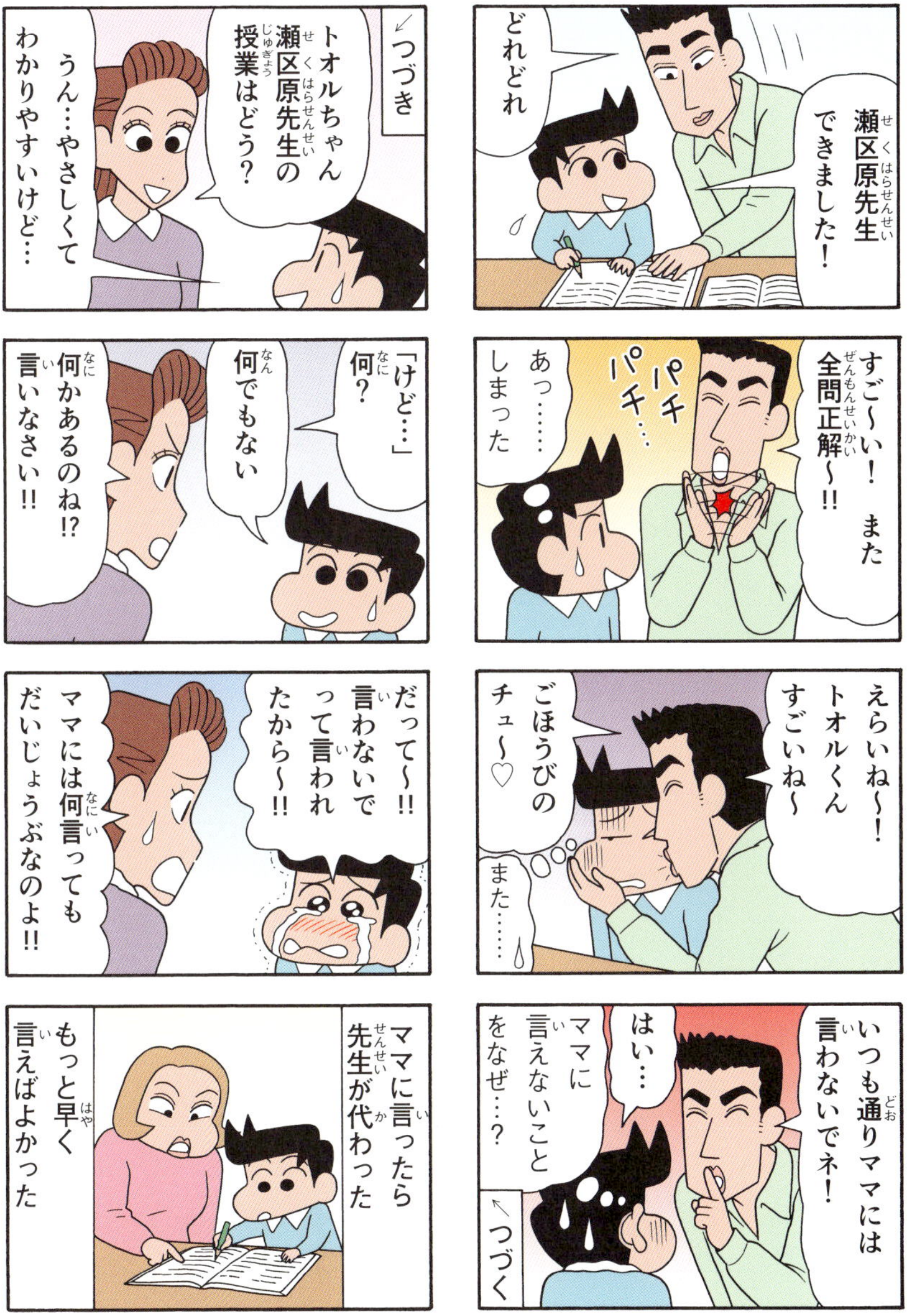
瀬区原先生《せくはらせんせい》できました!
どれどれ
すご〜い! 全問正解《ぜんもんせいかい》〜!! また
パチ パチ…
あっ……しまった
えらいね〜〜! トオルくん すごいね〜
ごほうびのチュ〜♡
また……
いつも通《どお》りママには言《い》わないでネ!
はい…
ママに言《い》えないことをなぜ…?
←つづく
↙つづき
トオルちゃん 瀬区原先生《せくはらせんせい》の授業《じゅぎょう》はどう?
うん…やさしくてわかりやすいけど…
「けど…」何《なに》?
何《なん》でもない
何《なに》かあるのね!? 言《い》いなさい!!
だって〜!! 言《い》わないでって言《い》われたから〜!!
ママには何《なに》言《い》ってもだいじょうぶなのよ!!
ママに言《い》ったら先生《せんせい》が代《か》わった
もっと早《はや》く言《い》えばよかった

顔《かお》を知《し》らない友《とも》だちに「ID《アイディ》教《おし》えて！」と言《い》われたら…

オンラインゲームでできた新《あたら》しい友《とも》だちが、「学校《がっこう》の前《まえ》でとった写真送《しゃしんおく》りっこしよう」「ID《アイディ》を教《おし》えて」と言《い》ってきたら、危険《きけん》だよ！　気《き》をつけて！

顔《かお》の見《み》えない、ネット上《じょう》のお友《とも》だちは、きみに対《たい》して、かんたんにうそをつくことができるんだ。相手《あいて》は悪《わる》い大人《おとな》かもしれない。

オンラインゲームを始《はじ》める前《まえ》に、必《かなら》ず家《いえ》の人《ひと》といっしょに使《つか》い方《かた》を調《しら》べよう。やりとりは顔《かお》を知《し》っている友《とも》だちだけにするなど、ルールを決《き》めるようにしよう。

また、一度《いちど》インターネット上《じょう》に流《なが》してしまった情報《じょうほう》は、誰《だれ》かに見《み》られたり、情報《じょうほう》を利用《りよう》されたりする危険《きけん》がある。

たとえ、顔《かお》を知《し》っている友《とも》だち同士《どうし》でも、学校《がっこう》の校門《こうもん》など、特定《とくてい》できる場《ば》所《しょ》でとった写真《しゃしん》を送《おく》ったり、ID《アイディ》を知《し》らせたりすることはやめよう。

えんぴつしんちゃん③ ～もしもしんのすけが小学生《しょうがくせい》だったら～

オンラインはこわいゾ
けものの森《もり》やろっと
ポチ ポチ
あ
しんちゃんが来《き》た!「ヤ・ッ・ホ・ー」…と!
しんちゃん
ともだちコード おしえて! ボイスチャット しよー
いいね～! やるやる～♪
え～と「IGASU……」
ポチ
ポチ ポチ
……と
もしもーし ネネちゃん!?
しんちゃん? ずいぶん声《こえ》低《ひく》いね
あっ…カゼひいてるから
本当《ほんとう》にしんちゃん?
プツッ
別《べつ》の日《ひ》
あっ 通知《つうち》が来《き》てる!
「ネネちゃん げんき?」
ポチ
げ・ん・き・だ・よ し・ん・ち・ゃ・ん…
ポチ…
しんちゃん
ネネちゃん がっこうどこ? なんくみ?
やだなーしんちゃん 知《し》ってるくせに!
ネネちゃーん!! ちょっと手伝《てつだ》って!!
ポイ
あっ ハーイ ママ!
次《つぎ》の日《ひ》
え? オラ けものの森《もり》は ネットにつな いでないゾ
べつのしんちゃんか…
学校《がっこう》がどこか 教《おし》えなくて よかった……

43 無料《むりょう》ゲームだからお金《かね》はかからないよね？

スマホでお気《き》に入《い》りの無料《むりょう》ゲーム。一度《いちど》だけ家《いえ》の人《ひと》にアイテムを買《か》ってもらったら、なぜかそれからクリックするだけでアイテムが買《か》えるようになった。……ちょっと待《ま》って！　すぐ家《いえ》の人《ひと》に相談《そうだん》しよう。

スマートフォンのゲームには、消費《しょうひ》者《しゃ》をねらったしかけがたくさんある。一度《いちど》家《いえ》の人《ひと》のクレジットカードで購《こう》入《にゅう》してしまうと、知《し》らないうちにお金《かね》を使《つか》ってしまう危険《きけん》があるんだ。

どうしてもアイテムを買《か》いたいときには、コンビニなどで売《う》っている、ゲーム用《よう》のプリペイドカードを買《か》い、その範囲内《はんいない》で購入《こうにゅう》するほうが安全《あんぜん》。

スマホのゲームは、一度《いちど》始《はじ》めると、なかなかやめられない。始《はじ》める前《まえ》に、必《かなら》ず、やめる時間《じかん》を決《き》めておこう。一定期間《いっていきかん》、ゲームからはなれる時間《じかん》を作《つく》ろう。

えんぴつしんちゃん④ ～もしもしんのすけが小学生《しょうがくせい》だったら～

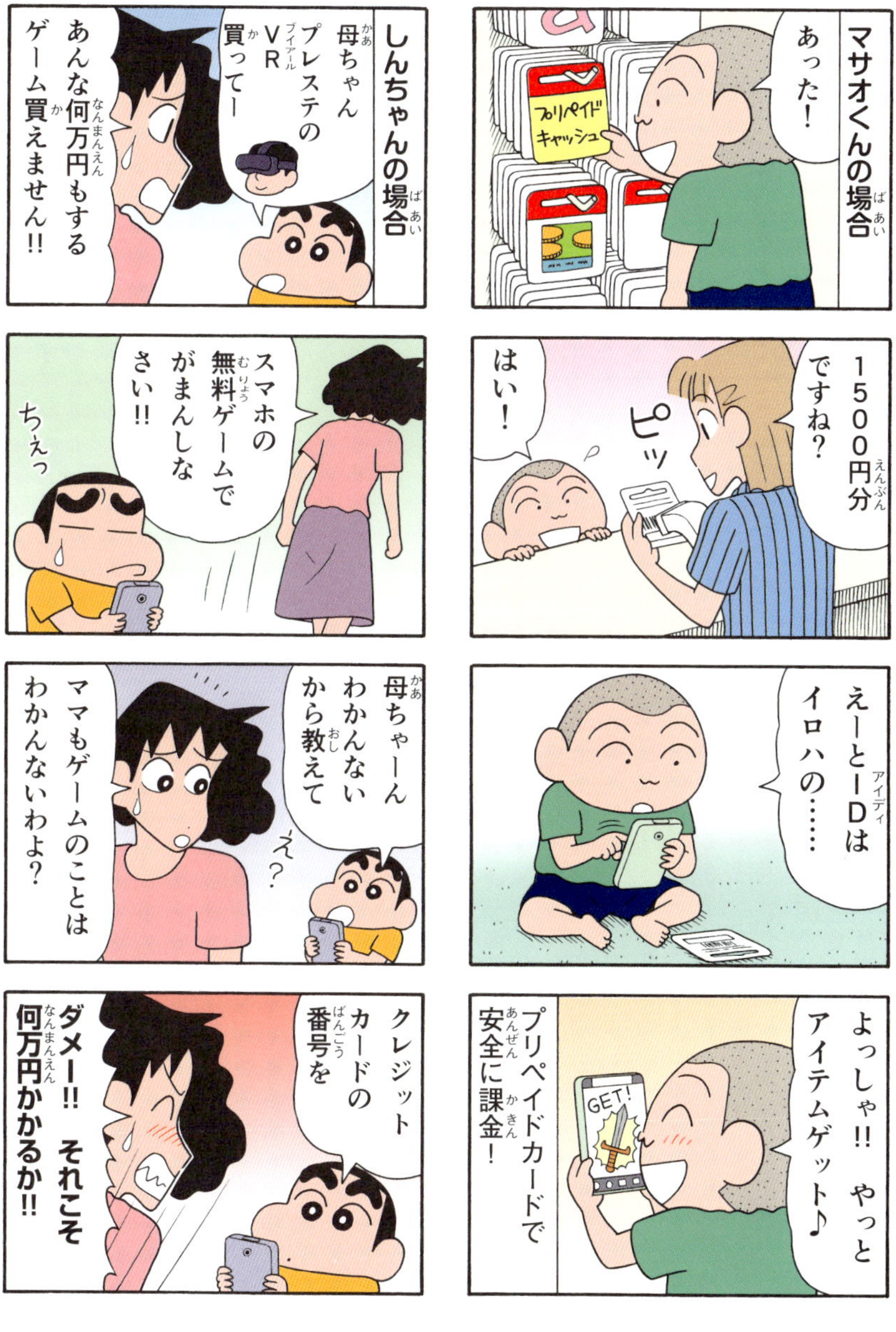

マサオくんの場合《ばあい》
あった!
プリペイドキャッシュ
1500円分《えんぶん》ですね?
ピッ
はい!
えーとID《アイディ》はイロハの……
よっしゃ!! やっとアイテムゲット♪
GET!
プリペイドカードで安全《あんぜん》に課金《かきん》!
しんちゃんの場合《ばあい》
母《かあ》ちゃんプレステのVR《ブイアール》買《か》ってー
あんな何万円《なんまんえん》もするゲーム買《か》えません!!
スマホの無料《むりょう》ゲームでがまんしなさい!!
ちぇっ
母《かあ》ちゃーんわかんないから教《おし》えて
え?
ママもゲームのことはわかんないわよ?
クレジットカードの番号《ばんごう》を
ダメー!! それこそ何万円《なんまんえん》かかるか!!

44

知《し》らない人《ひと》からのメール、手紙《てがみ》にいやなこと、こわいことが書《か》いてあった

友《とも》だちから来《き》た変《へん》なメッセージ。

「このハッピーメッセージを2日以内《ふつかいない》に5人《にん》の人《ひと》に転送《てんそう》してください！　あなたに5つのハッピーが訪《おとず》れます。転《てん》送《そう》しないと不幸《ふこう》が訪《おとず》れます」

これは、「チェーンメール」といういたずらメール。昔《むかし》からある、たくさんの人《ひと》を困《こま》らせるいたずらなんだ。

同《おな》じようなメールに、「バトン」といって、質問《しつもん》をながしてくるものがある。

個人情報《こじんじょうほう》を聞《き》いてくることもあるから、うっかり答《こた》えないよう気《き》をつけよう。これらすべて、気《き》にせずにほうっておいてだいじょうぶ。

きちんとした理由《りゆう》もなく、一方的《いっぽうてき》に人《ひと》に広《ひろ》めてくださいと強制《きょうせい》するなんておかしいし、納得《なっとく》できないまま広《ひろ》めてしまうのは無責任《むせきにん》だよ。デマを広《ひろ》げてしまうのと同《おな》じこと。

きみのところでストップさせよう。

えんぴつしんちゃん⑤ 〜もしもしんのすけが小学生《しょうがくせい》だったら〜

キンコーン♪
あ
LINE《ライン》きた！
サトシ？誰《だれ》だっけ？
「このハッピーバトンを明日《あす》までに十人《じゅうにん》に転送《てんそう》すると幸《しあわ》せがやってきます送《おく》らないと不幸《ふこう》になります」…ええ!?
キンコーン♪
おっLINE《ライン》だ
マサオくんだ
「…明日《あす》までに10人《にん》に転送《てんそう》…」!?
え〜っ!? めんどくさっ!!
無視《むし》しよっと
次《つぎ》の日《ひ》
しんちゃん昨日《きのう》のメッセージ10人《にん》に送《おく》った？
ううん
ええっ!? 不幸《ふこう》になるよ!?
オラにとっては十人《じゅうにん》に送《おく》ることのほうが不幸《ふこう》だゾ！
一《いっ》カ月後《げつご》
♪
変《へん》だな……あいかわらずしんちゃんは毎日楽《まいにちたの》しそう……
やっぱり不幸《ふこう》になるなんてウソだったんだね！
え？何《なん》の話《はなし》？
もう忘《わす》れてる↓

お父《とう》さんとお母《かあ》さんが激《はげ》しいケンカどうしたらいい？

ケンカは、目《め》の前《まえ》で見《み》せつけられるだけでも、暴力《ぼうりょく》を受《う》けるのと同《おな》じくらい、心《こころ》を傷《きず》つけられるもの。

ケンカしているお父《とう》さんお母《かあ》さんは、自分《じぶん》たちのことでせいいっぱいで、きみが苦《くる》しんでいることに気《き》がついていないこともある。

「わたしの前《まえ》でケンカしないで！」

と一度《いちど》叫《さけ》んでみよう。ハッとしてやめてくれることもある。


それでケンカをやめてくれなかったら、ケンカをやめさせるのはむずかしい。その場《ば》をはなれよう。

自分《じぶん》の部屋《へや》に入《はい》って、耳《みみ》をふさごう。できるだけ見《み》ない、聞《き》かないようにしよう。きょうだいで助《たす》け合《あ》おう。

お父《とう》さんとお母《かあ》さんのケンカはきみのせいじゃない。がまんし続《つづ》けちゃいけない。ひどい場合《ばあい》は、警察《けいさつ》や児童相《じどうそう》談所《だんしょ》に連絡《れんらく》をして助《たす》けを求《もと》めよう。

☎児童相談所全国共通ダイヤル 189

逆効果《ぎゃくこうか》

休《やす》みの日《ひ》くらい家事《かじ》やってよ!!
ええ!? 休《やす》みの日《ひ》くらい寝《ね》かせろよ!!
週休《しゅうきゅう》2日《か》もあるくせに!! 私《わたし》は週休0日《しゅうきゅうゼロにち》よ!!
そーだ!! 言《い》いわけすんな!!
おまえは昼寝《ひるね》もできるだろ!! おれは家《いえ》でしか寝《ね》れないんだ!!
そーだ!! 亭主《ていしゅ》をいたわれ!!
ちょっと黙《だま》ってろ!!
ほひ
つねー

離《はな》れていよう

もうちょっと電気《でんき》節約《せつやく》してよ!!
おまえは細《こま》かすぎ たいして変《か》わんねーよ
ギャーギャー
ひま おいで
たい
ちょっと待《ま》って!! どこ行《い》くの!?
ファミレスにいるから終《お》わったら迎《むか》えに来《き》て～
もう終《お》わりよ!! ねえあなた?
お…おう!

自分《じぶん》で自分《じぶん》を責《せ》めて苦《くる》しくなってしまったら…!?

受験《じゅけん》に失敗《しっぱい》した。選手《せんしゅ》に選《えら》ばれなかった。誘《さそ》われて万引《まんび》きしてしまった。うまくいかなかったとき、自分《じぶん》はダメだ、自分《じぶん》なんかいないほうがいい、と苦《くる》しくなってしまうことがある。

ちょっと待《ま》って！　そんなときに自《じ》分《ぶん》のことばかり考《かんが》えることは一番《いちばん》危険《きけん》なことなんだ。

自分《じぶん》を責《せ》めてもなんにもならない。

きみを責《せ》める人《ひと》がいたら、その場所《ばしょ》から、さっさと逃《に》げ出《だ》そう。うまくいかなかったら、考《かんが》えることをやめて、別《べつ》の場所《ばしょ》に行《い》ってみよう。自分《じぶん》とは違《ちが》う人《ひと》と会《あ》って話《はなし》をしてみよう。

学校《がっこう》がいやなら図書館《としょかん》へ。つらい塾《じゅく》やチームはやめて、別《べつ》の塾《じゅく》やクラブへ移《うつ》ろう。勇気《ゆうき》を出《だ》して、今《いま》の場所《ばしょ》から出《で》よう。そして、誰《だれ》かに話《はなし》をしてみよう。きみの味方《みかた》は必《かなら》ずいる。

次《つぎ》はきっとうまくいくよ。

道《みち》はひとつじゃない

小学校合格発表
あった♪
私《わたし》も!
ボクもあった!
カザマくん落《お》ちたって…
あ……
ハラハラ…
ヒソ ヒソ
トオルちゃん!!
だっ
ママに合《あ》わせる顔《かお》がない…
ボクはもう終《お》わりだ…
↑つづく
↙つづき
お? カザマくんどしたの?
あっ…しんのすけ!
ふーん私立小《しりつしょう》の受験《じゅけん》落《お》ちたの
よかった〜!
なんでだよ!?
だってオラカザマくんといっしょの小学校《しょうがっこう》に行《い》けるから!
地元《じもと》の
えっ
……
まぁ…それも…悪《わる》くないけど…
結局別《けっきょくべつ》の志望校《しぼうこう》に受《う》かったカザマくん
はなれるのやだよ〜
まあまあ…
ぜったいまたあそぼうね!

47

ひとりで家《いえ》にいるときに大地震《おおじしん》が来《き》た！　どうする!?

ひとりで家《いえ》にいるときに、動《うご》けないほどの揺《ゆ》れが起《お》こったら!?

棚《たな》などの大型家具《おおがたかぐ》や、窓《まど》からはなれて、テーブルやつくえの下《した》にもぐろう。

地震《じしん》のときは、頭《あたま》を守《まも》ることが大事《だいじ》。もぐるところがなかったら、うずくまって頭《あたま》と首《くび》を手《て》でかくす**「ダンゴムシのポーズ」**をとるか、クッションなど、手《て》の届《とど》くものをつかんで頭《あたま》を守《まも》ろう。

家《いえ》の中《なか》で比較的安全《ひかくてきあんぜん》なのは、ろうかか、おふろ、トイレなどのせまいところ。中《なか》にいたら、あわてて出《で》ず、ドアだけ開《あ》けて揺《ゆ》れがおさまるのを待《ま》とう。

ケガ防止《ぼうし》のため、できるだけ早《はや》くくつをはく。津波《つなみ》が心配《しんぱい》な地域《ちいき》なら、大至急《だいしきゅう》、高台《たかだい》へ避難《ひなん》しよう。

地震直後《じしんちょくご》は家族《かぞく》に電話《でんわ》してもつながらないことが多《おお》い。無線放送《むせんほうそう》や近所《きんじょ》の人《ひと》の指示《しじ》を聞《き》いて、安全《あんぜん》な場所《ばしょ》や、家族《かぞく》との約束《やくそく》の場所《ばしょ》に避難《ひなん》しよう。

家《いえ》で地震《じしん》にあったら

おおっ 地震《じしん》!!
グラ
グラ…
頭《あたま》を守《まも》れ～
ざざざ…
台所《だいどころ》から不吉《ふきつ》な音《おと》が…
ガシャーン パリーン
あ～あ…… 見《み》なかったことにしよーっと……
↑つづく
↙つづき
シロ だいじょうぶ!?
おおっ!! ちゃんとわたあめ…いやダンゴムシになってる!!
しんちゃん 近所《きんじょ》で火事《かじ》だよ!! 逃《に》げよう!
ほいっ!!
ここが地域《ちいき》の避難所《ひなんじょ》だよ
アクション ようちえん
オラの幼稚園《ようちえん》だゾ!
数時間後《すうじかんご》
しんちゃん いた～!!
遅《おそ》いゾ みさえー
家族《かぞく》の集合場所《しゅうごうばしょ》を決《き》めておこう

外《そと》にいるときに大《おお》きな地震《じしん》が来《き》たら海《うみ》や川《かわ》からはなれ、安全《あんぜん》な場所《ばしょ》に逃《に》げる！

学校帰《がっこうがえ》りなど、外《そと》にいるときに大《おお》きな地震《じしん》が起《お》きたら、頭《あたま》を守《まも》るために、ランドセルやかばんを頭《あたま》にのせて、落《らっ》下物《かぶつ》などから身《み》を守《まも》ろう。

外《そと》では、ダンゴムシのポーズでうずくまるのは危険《きけん》。しっかりと周《まわ》りを見《み》て、危険物《きけんぶつ》を避《さ》ける必要《ひつよう》がある。

自動販売機《じどうはんばいき》や電柱《でんちゅう》、ブロック塀《べい》など、倒《たお》れる危険《きけん》があるものからはなれよう。

商店街《しょうてんがい》などでは、ガラス窓《まど》や看板《かんばん》に気《き》をつけよう。ビルが立《た》ち並《なら》ぶところでは、ビルの中《なか》に入《はい》ってしまったほうが安全《あんぜん》だ。

揺《ゆ》れがおさまってから移動《いどう》しよう。

大《おお》きな地震《じしん》で周囲《しゅうい》が混乱《こんらん》している場《ば》合《あい》、学校帰《がっこうがえ》りなら、学校《がっこう》と家《いえ》で、近《ちか》いほうに向《む》かおう。

海《うみ》の近《ちか》くなら急《いそ》いで高台《たかだい》へ避難《ひなん》しよう。津波警報《つなみけいほう》に注意《ちゅうい》しながら、できるだけ高《たか》い場所《ばしょ》に一刻《いっこく》も早《はや》く逃《に》げよう。

外《そと》で地震《じしん》にあったら

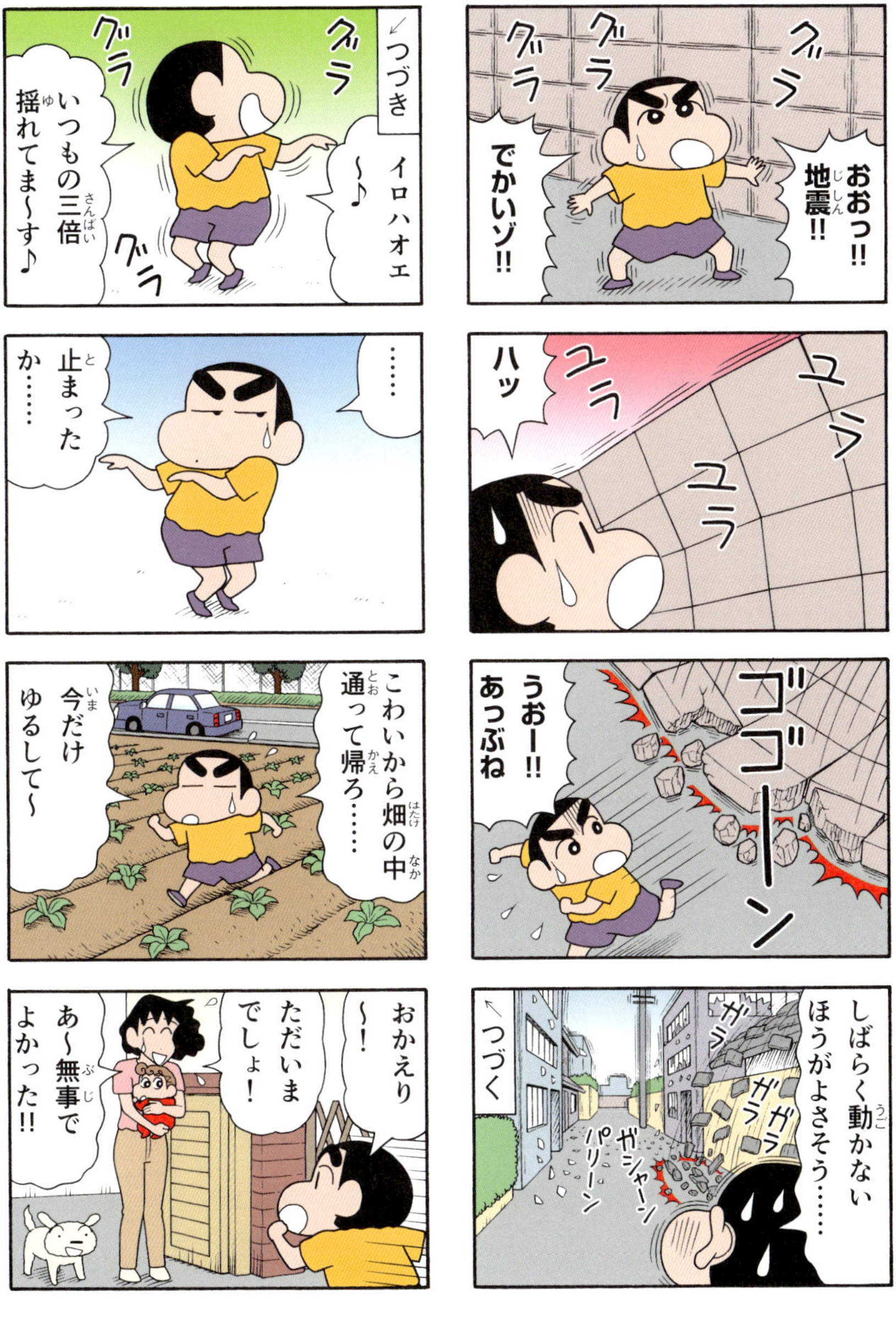

グラ
グラ
グラ
グラ
おおっ!!地震《じしん》!!
でかいゾ!!
ユラ
ユラ
ハッ
ゴゴーン
うおー!!あっぶね
しばらく動《うご》かないほうがよさそう……
ガラ
ガラ
ガラ
ガシャーン
パリーン
↖つづく
↙つづき
イロハオエ~♪
いつもの三倍《さんばい》揺《ゆ》れてま~す♪
グラ
グラ
グラ
……
止《と》まったか……
こわいから畑《はたけ》の中《なか》通《とお》って帰《かえ》ろ……
今《いま》だけゆるして~
おかえり~!
ただいまでしょ!
あ~無事《ぶじ》でよかった!!

るすばんをしているときに火事《かじ》になったら、どうする!?

るすばん中《ちゅう》に警報機《けいほうき》が鳴《な》ったり、火《ひ》が出《で》たりしたら、絶対《ぜったい》に自分《じぶん》で消《け》そうとしないこと。すぐに外《そと》に逃《に》げて、「火事《かじ》だ!!」と大声《おおごえ》で知《し》らせよう。

家《いえ》で家族《かぞく》や消防署《しょうぼうしょ》に電話《でんわ》をしようともたもたしているうちに、けむりにまきこまれてしまうことが多《おお》いんだ。

火事《かじ》の場合《ばあい》は、自分《じぶん》が逃《に》げることが第一《だいいち》。消防署《しょうぼうしょ》に連絡《れんらく》するのは、自分《じぶん》が安全《あんぜん》な場所《ばしょ》に行《い》ってから。

火事《かじ》のときに出《で》るけむりには、一酸化炭素《いっさんかたんそ》という危険《きけん》なガスが含《ふく》まれている。濃度《のうど》が濃《こ》いけむりを吸《す》うと、数分《すうふん》で死《し》に至《いた》ってしまうんだ。

けむりは天井《てんじょう》のほうからたまっていく。けむりを吸《す》い込《こ》まないよう、タオルなどで口《くち》と鼻《はな》をおおい、姿勢《しせい》を低《ひく》くして逃《に》げよう。

そして、いったん外《そと》に逃《に》げたら、絶対《ぜったい》に家《いえ》の中《なか》に戻《もど》らないこと。

ヒーローは誰《だれ》だ？

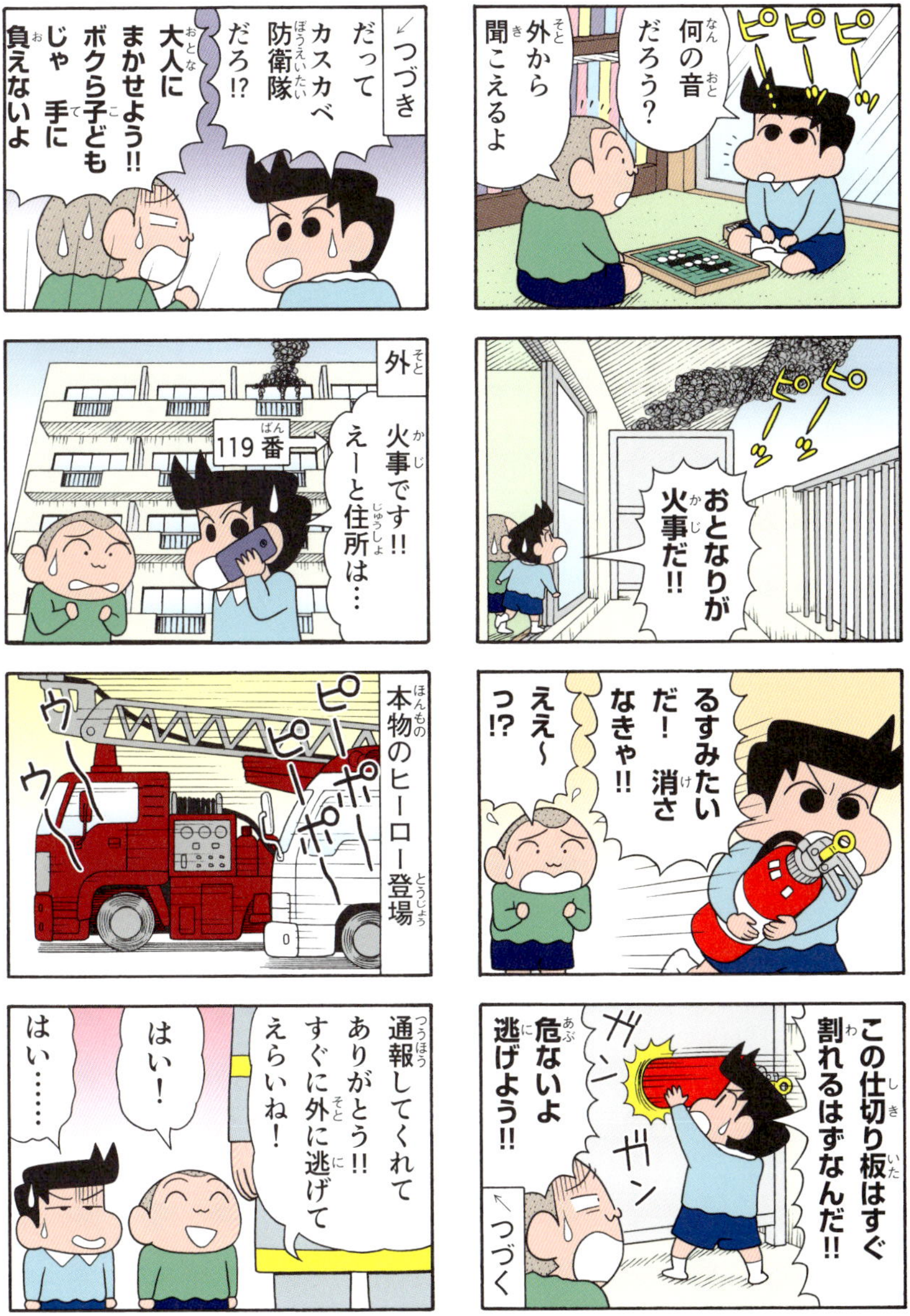
ピピピーッ
何《なん》の音《おと》だろう？
外《そと》から聞《き》こえるよ
ピーピーッ
おとなりが火事《かじ》だ!!
るすみたいだ！ 消《け》さなきゃ!!
ええ〜っ!?
この仕切《しき》り板《いた》はすぐ割《わ》れるはずなんだ!!
ガンガン
危《あぶ》ないよ逃《に》げよう!!
つづく
つづき
だってカスカベ防衛隊《ぼうえいたい》だろ!?
大人《おとな》にまかせようボクら子《こ》どもじゃ手《て》に負《お》えないよ
外《そと》
119番《ばん》
火事《かじ》です!! えーと住所《じゅうしょ》は…
本物《ほんもの》のヒーロー登場《とうじょう》
ピーポーピーポー
ウーウー
通報《つうほう》してくれてありがとう!! すぐに外《そと》に逃《に》げてえらいね！
はい！
はい……

もし災害時《さいがいじ》にひとりだったら？　家族《かぞく》とはぐれたら？

大《おお》きな災害《さいがい》が起《お》こって家《いえ》にいられなくなったときのために、家族《かぞく》が集合《しゅうごう》する地元《じもと》の緊急避難場所《きんきゅうひなんばしょ》を、家族《かぞく》で約束《やくそく》しておこう。

避難《ひなん》したまま、家族《かぞく》の携帯《けいたい》に連絡《れんらく》がつかない！　そんなときは、171番《ばん》※のあとに自宅《じたく》の電話番号《でんわばんごう》をダイヤルすると、伝言《でんごん》を残《のこ》したり、伝言《でんごん》を聞《き》いたりできる。

避難《ひなん》するときは、避難《ひなん》する人《ひと》たちみんなで協力《きょうりょく》しよう。こわくてたまらなくても、泣《な》かないこと。泣《な》いていると行動《こうどう》できない。自分《じぶん》も家族《かぞく》も絶対《ぜったい》だいじょうぶ！　と信《しん》じて行動《こうどう》しよう。

万《まん》が一《いち》、崩《くず》れた建物《たてもの》などにはさまれて動《うご》けなくなったら、できるだけ体力《たいりょく》を消耗《しょうもう》しないようじっとしていよう。必《かなら》ず救助《きゅうじょ》の人《ひと》が来《く》る。そのときに大《おお》きな声《こえ》を出《だ》して助《たす》けを求《もと》めよう。絶対《ぜったい》に助《たす》けに来《き》てくれる、と信《しん》じて待《ま》とう。

※災害伝言ダイヤル＝災害時は「171」をダイヤルし、利用ガイダンスにしたがって、伝言の録音・再生を行います。

家族《かぞく》と離《はな》れているときは

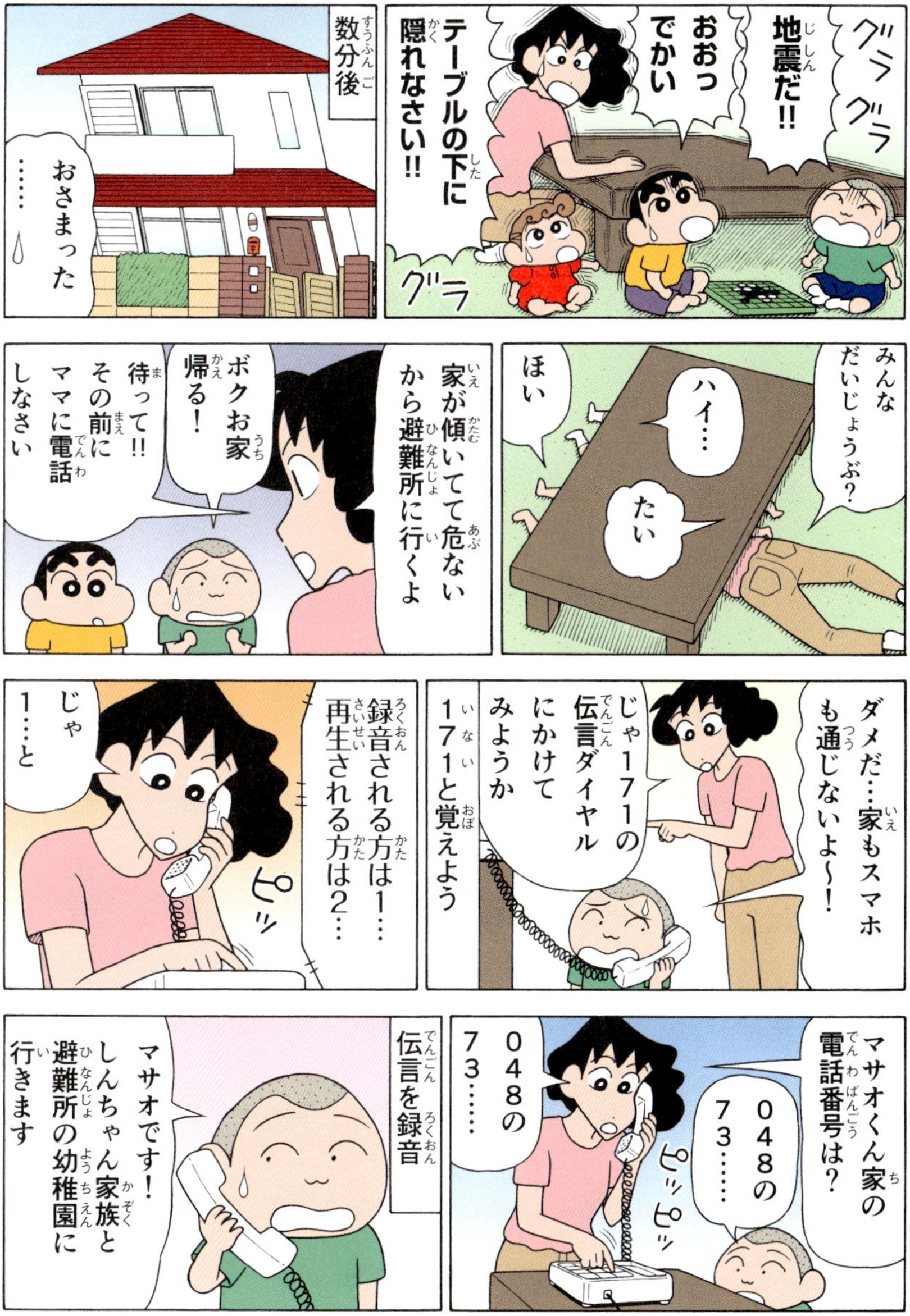

グラグラ
地震《じしん》だ!!
おおっでかい
テーブルの下《した》に隠《かく》れなさい!!
グラ
数分後《すうふんご》
おさまった
……
みんなだいじょうぶ?
ハイ…
たい
ほい
家《いえ》が傾《かたむ》いてて危《あぶ》ないから避難所《ひなんじょ》に行《い》くよ
ボクお家《うち》帰《かえ》る!
待《ま》って!! その前《まえ》にママに電話《でんわ》しなさい
ダメだ…家《いえ》もスマホも通《つう》じないよ~!
じゃ171の伝言《でんごん》ダイヤルにかけてみようか
171《いない》と覚《おぼ》えよう
録音《ろくおん》される方《かた》は1…再生《さいせい》される方《かた》は2…
ピッ
じゃ1…と
マサオくん家《ち》の電話番号《でんわばんごう》は?
048の73……
048の73……
ピッピッ
伝言《でんごん》を録音《ろくおん》
マサオです! しんちゃん家族《かぞく》と避難所《ひなんじょ》の幼稚園《ようちえん》に行《い》きます

←つづく

マサオくん　ご家族《かぞく》と会《あ》えるまではいっしょにいようね
ハ…ハイ…
マサオくん…ずっといっしょだね
ぎゅっ
変《へん》な言《い》い方《かた》しないでよ～
恋人《こいびと》つなぎもやめて！
しんのすけ避難所《ひなんじょ》にお泊《と》まりするから　着《き》がえを数日分《すうじつぶん》すぐにまとめなさい
ほーい
オモチャも入《い》れていい？
おもちょぼこ
少《すこ》しならいいけど着《き》がえが先《さき》よ!!
もしものときはオラの服貸《ふくか》してあげるね
ありがとう
オラのいなりずしを包《つつ》んだおパンツがマサオくんのいなりずしも包《つつ》むんだね…
気持《きも》ち悪《わる》い表現《ひょうげん》はやめてよ!!
どっさり
イケメンずかん
だから！　そんなに持《も》ってけないって!!
たい！
さあ行《い》くわよ！
シロをヘルメットがわりにするな!!

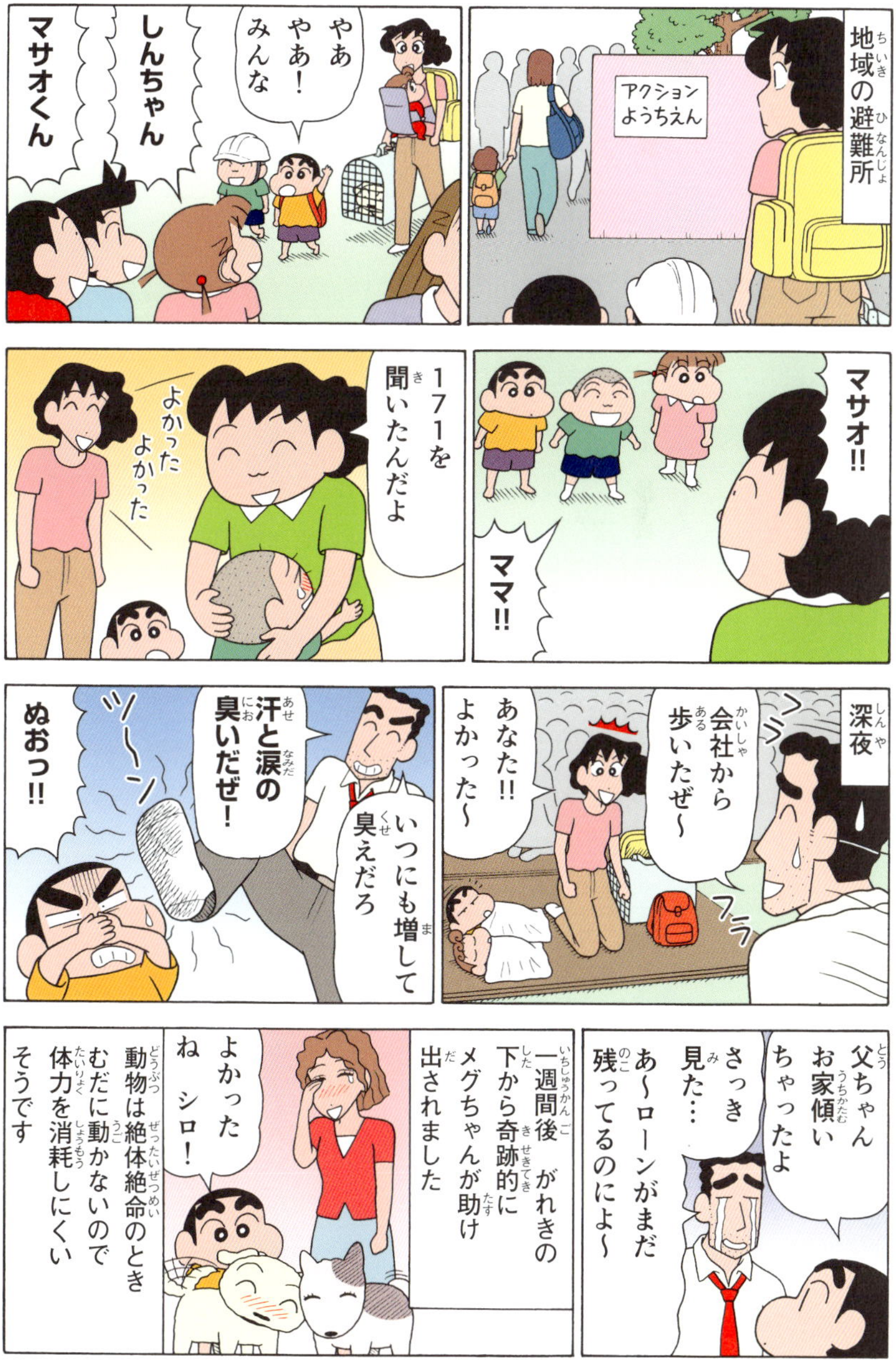

地域《ちいき》の避難所《ひなんじょ》
アクション ようちえん
やあ やあ! みんな
しんちゃん
マサオくん
マサオ!!
ママ!!
171を聞《き》いたんだよ
よかった よかった
深夜《しんや》
会社《かいしゃ》から歩《ある》いたぜ~
あなた!! よかった~
フラ フラ
いつにも増《ま》して臭《くせ》えだろ
汗《あせ》と涙《なみだ》の臭《にお》いだぜ!
ツ~~ン
ぬおっ!!
父《とう》ちゃん お家傾《うちかたむ》いちゃったよ
さっき見《み》た…
あ~ローンがまだ残《のこ》ってるのによ~
一週間後《いちしゅうかんご》 がれきの下《した》から奇跡的《きせきてき》にメグちゃんが助《たす》け出《だ》されました
よかった ね シロ!
動物《どうぶつ》は絶体絶命《ぜったいぜつめい》のときむだに動《うご》かないので体力《たいりょく》を消耗《しょうもう》しにくいそうです

キャラクター原作　臼井儀人《うすいよしと》

まんが　高田ミレイ
文　戸塚美奈
構成　有木舎
デザイン　武田崇廣（三晃印刷）
編集　勝又眞由美
二之宮隆（双葉社）

先生《せんせい》は教《おし》えてくれない！
クレヨンしんちゃんの アブナイ！ことから 自分《じぶん》を守《まも》るために知《し》っておきたいこと

2018年11月25日　第１刷発行
2024年12月16日　第11刷発行

発行者――島野 浩二

発行所――株式会社双葉社

〒162-8540　東京都新宿区東五軒町3-28
電話03(5261)4818〔営業〕
03(5261)4869〔編集〕
http://www.futabasha.co.jp/
（双葉社の書籍・コミック・ムックが買えます）

印刷所――三晃印刷株式会社

製本所――株式会社若林製本工場

ISBN978-4-575-31407-6　C8076